PANORAMA DE LA PRENSA
Temas contemporáneos del mundo hispano

Textos escogidos y presentados por
Juan Kattán-Ibarra

National Textbook Company
a division of NTC/CONTEMPORARY PUBLISHING GROUP
Lincolnwood, Illinois USA

ISBN: 0-8442-7154-3

Publicado por National Textbook Company,
una división de NTC/Contemporary Publishing Group, Inc.,
4255 West Touhy Avenue,
Lincolnwood (Chicago), Illinois 60646-1975 EE.UU.
©1994 por NTC/Contemporary Publishing Group, Inc.

8 9 0 ML 9 8 7 6 5

PREFACIO

Panorama de la prensa ofrece a los estudiantes de español de nivel avanzado una selección de artículos, entrevistas, cartas y sondeos de opinión publicados en periódicos y revistas de España e Hispanoamérica. Los cincuenta artículos seleccionados, que incluyen una amplia variedad de temas y estilos, han sido clasificados en siete secciones: sociedad, educación, medio ambiente, ciencia y tecnología, salud, deportes y ocio y dinero y consumo.

La selección de los artículos se ha hecho teniendo en cuenta la actualidad de los temas, su interés general, y la visión que pueden ofrecer sobre algún aspecto específico del mundo hispano. Su lectura se podrá realizar en el orden que se estime conveniente, según los intereses del grupo. Dado el carácter polémico de muchos de los artículos, éstos son especialmente apropiados para estudiantes más maduros, a nivel de enseñanza secundaria, universitaria o equivalente. La mayoría de los artículos son presentados individualmente. Algunos van acompañados de textos provenientes de otras fuentes, que presentan el mismo tema desde una perspectiva similar o diferente.

Las explicaciones y actividades correspondientes a cada artículo o conjunto de artículos se han ordenado en dos secciones principales: *Antes de leer* y *Después de leer*, correspondientes a actividades que deberán realizarse con anterioridad y posterioridad a la lectura, respectivamente.

Las notas y actividades previas a la lectura incluyen lo siguiente: una breve introducción, cuyo propósito es familiarizar al lector con el tema; *Notas explicativas,* en las que se hacen referencias de orden cultural y se explican ciertos puntos del artículo con el propósito de facilitar su comprensión; *Vocabulario,* en el que se definen en español todas aquellas palabras que pueden ser nuevas para los estudiantes; *El tema y tú,* donde se trata de establecer, a través de preguntas y otras actividades, una relación previa a la lectura entre los estudiantes y el contenido mismo del artículo. La idea es que los lectores aporten su propia experiencia a la lectura, reflexionando frente al contenido del artículo, haciendo comparaciones o sacando conclusiones.

Las actividades posteriores a la lectura incluyen lo siguiente: *Preguntas* relacionadas con el artículo, la mayor parte de ellas de carácter general; *¿Qué opinas tú?,* sección en la que los estudiantes podrán expresar su propia opinión con respecto al tema; *Actividades de grupo,* sección en la que se estimula el debate y, en general, el intercambio de opiniones entre parejas o grupos de alumnos; *Redacción,* donde se sugieren ideas para que los estudiantes puedan manifestar sus opiniones por escrito.

Las actividades anteriores se podrán complementar con otras actividades sugeridas por los propios estudiantes y el profesor. Todas ellas deberán contribuir a lograr los objetivos principales de este libro, que son fundamentalmente los siguientes:

1. Desarrollar y aumentar la capacidad de comprensión del español escrito a través de materiales auténticos.
2. Desarrollar y aumentar la capacidad de expresión oral.
3. Desarrollar y aumentar la capacidad de expresión escrita.
4. Contribuir a ampliar el conocimiento que los alumnos tienen del mundo hispano y de los hispanohablantes.

Juan Kattán-Ibarra

ÍNDICE

SOCIEDAD 1

EDUCACIÓN 19

MEDIO AMBIENTE 37

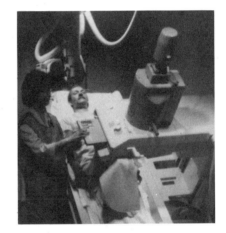

CIENCIA Y TECNOLOGÍA 55

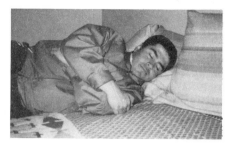

SALUD 77

DEPORTES Y OCIO 101

DINERO Y CONSUMO 125

SOCIEDAD

El esfuerzo que realizan las amas de casa en el cumplimiento de las labores domésticas no siempre tiene el reconocimiento que se merece dentro de la sociedad. El artículo que leerás a continuación analiza lo que significa ser *la directora del hogar*.

LA DIRECTORA DEL HOGAR

"Muchas veces, cuando hay que llenar un formulario o responder a la pregunta de qué profesión tiene una señora, algunas mujeres sienten un poco de vergüenza al poner o decir simplemente "ama de casa"; también ocurre que se sienten inferiores a sus amigas que triunfan en los negocios, en las artes y en cualquier actividad fuera del hogar".

No hay por qué despreciar a las que se dediquen sólo a su familia y al hogar.

La escritora francesa, Christiane Collange, en su libro "Un hogar es una empresa" afirma que el ama de casa es la directora del hogar y, que para ello la preparación requerida es amplísima: nociones dietéticas, puericultura, pedagogía, psicología, destreza relacionada con la reparación de electrodomésticos, decoración y sobre todo la preparación correspondiente a una buena dirección, con dedicación total o parcial; con alguna colaboración familiar o sin ella. Además debe tener dosis grandes de perspicacia y tacto para resolver toda clase de problemas, y dirige la familia desde las cosas más elementales, como es el alimento, el descanso, el vestido, hasta las más importantes: comunicación, formación, sosiego espiritual y apoyo en la vida. Todo esto sin haber recibido formación adecuada para dirigir una empresa-hogar que es además un trabajo no remunerado.

Aunque en una familia las decisiones capitales se tomarán entre ambos cónyuges y, aunque el padre de familia es el capitán del barco: ¿quiere decir eso que no es ella la que manda?

Todo esto y mucho más expresa esta ama de casa, madre de cuatro hijos, profesional, con un marido exigente y una que otra actividad secundaria. Sus conceptos pueden parecer al principio un tanto divertidos y poco reales, pero si los analizamos con tranquilidad, creo que en muchos casos servirían para devolver a muchas amas de casa su autoestima, al comenzar a valorar su función como algo que sí requiere de mucha preparación, muchos conocimientos, como un trabajo al cual no se le puede poner precio, en el que se pone muchísimo amor y tiene como retribución la satisfacción de los éxitos de todos los miembros de la familia.

Muchas veces, cuando hay que llenar un formulario o responder a la pregunta de qué profesión tiene una señora, algunas mujeres sienten un poco de vergüenza al poner o decir simplemente "ama de casa"; también ocurre que se sienten inferiores a sus amigas que triunfan en los negocios, en las artes y en cualquier actividad fuera del hogar. Hace poco en una conversación entre dos señoras jóvenes, una le decía a la otra: . . . "Y tú, siendo tan preparada e inteligente, te estás desperdiciando metida en tu casa cuidando de tu marido e hijos".

No tengo nada contra las esposas y madres de familia, profesionales o no, que trabajan fuera del hogar, considero que las mujeres somos igualmente capaces e inteligentes que los hombres, que somos iguales en dignidad y que, en muchos casos, también hay verdadera necesidad de que se trabaje fuera del hogar. Criticable sí es trabajar como medio de evasión para no asumir sus responsabilidades de esposa y madre, hacerlo porque todo el mundo lo hace; pienso también que es perfectamente compatible la profesión y el papel de ama de casa, siempre y cuando se tengan claras las prioridades, que en su caso serán las de educar a sus hijos, dirigir su casa y lograr la felicidad de todos los que dependen de ella.

Quien escoge ser ama de casa a tiempo completo, quien hace sus labores domésticas con optimismo e ilusión, cuando hace su hogar atractivo, lo imprime con un estilo propio, hace ejercicio de su autoridad materna y, junto con su esposo hacen de casa la primera escuela del amor, de virtudes, de fe y de tantas y tantas cosas; podrá no tener beneficios económicos, pero tampoco los necesitará: para ella será suficiente hacer de su hogar un lugar luminoso y alegre, ayudar a sus hijos a crecer como personas, tener el amor y el respeto de su cónyuge y, aunque nadie reconociera su esfuerzo, ella tendrá la paz y la tranquilidad que da el cumplir la labor día a día, con lucha, con fortaleza, pero sobre todo con mucho amor.

La próxima vez que le pregunten acerca de su profesión, dirá orgullosamente, soy la "Directora de mi Hogar".

□ BÁRBARA DE ALARCÓN
Revista *La Otra,* N° 189, Ecuador

ANTES DE LEER

Notas explicativas

ama de casa *(f)*   en España, al rellenar un formulario indicando la profesión, las amas de casa a menudo responden simplemente con la frase *sus labores*

llenar un formulario   en España, parece ser más frecuente la palabra rellenar (completar)

Vocabulario

dietéticas   relativo a la dieta
destreza *(f)*   habilidad
electrodomésticos *(m/pl)*   artículos eléctricos utilizados en el hogar
perspicacia *(f)*   agudeza, habilidad

sosiego *(m)*   tranquilidad
cónyuges *(m/pl)*   el marido y la mujer
desperdiciando   perdiendo
metida   encerrada, sin salir

El tema y tú

Antes de leer el artículo, considera la situación en tu propio hogar con respecto a las labores domésticas y coméntala con uno o más compañeros. Explica, por ejemplo, quién realiza las labores domésticas, en qué consisten específicamente, si tú cooperas de alguna forma cuando estás allí, qué labores te agradan o desagradan más, qué importancia le atribuyes al papel del ama de casa. Luego podrás leer el artículo y comparar tus ideas con las de la autora del mismo.

DESPUÉS DE LEER

Preguntas

1. ¿Por qué crees que la autora utiliza el término empresa-hogar al hablar sobre las labores de las amas de casa?

2. Según la autora del artículo, ¿qué sienten muchas amas de casa al llenar un formulario en el que se les pide que indiquen la profesión?

3. ¿Cómo se sienten muchas amas de casa frente a mujeres que triunfan en los negocios o en otras actividades fuera del hogar?

4. ¿Qué piensa la autora con respecto del trabajo de la mujer fuera del hogar como simple evasión?

¿Qué opinas tú?

1. La autora del artículo expresa: "el padre de familia es el capitán del barco". ¿Qué quiere decir la autora con esto? ¿Estás de acuerdo? ¿Por qué?

2. ¿Crees que el trabajo de un ama de casa es menos o más importante, o tan importante como el trabajo de una mujer profesional? Comenta tu opinión con tus compañeros.

Actividades de grupo

En grupos de tres o cuatro los estudiantes intercambiarán opiniones en torno a las siguientes afirmaciones de la autora del artículo:

"Criticable sí es trabajar como medio de evasión para no asumir sus responsabilidades de esposa y madre, hacerlo porque todo el mundo lo hace; pienso también que es perfectamente compatible la profesión y el papel de ama de casa, siempre y cuando se tengan claras las prioridades, que en su caso serán las de educar a sus hijos, dirigir su casa y lograr la felicidad de todos los que dependen de ella". Considerar, por ejemplo:

1. Si se está de acuerdo o en desacuerdo con el punto de vista de la autora en relación con el papel que debe asumir la mujer casada. ¿Por qué?

2. ¿Deben delimitarse las responsabilidades del hombre y de la mujer dentro del hogar? ¿O deben compartirse sin establecer normas ni dominios?

3. ¿Qué sucede en la realidad dentro de los hogares?

Redacción

Elige uno de estos dos temas:

1. Carta de una mujer casada y con hijos a una revista en la que ella se queja del peso de sus responsabilidades y del escaso reconocimiento que otorga la sociedad a este tipo de labores.

2. Tu opinión con respecto al tono general del artículo y a algunas opiniones específicas de su autora.

En términos de crecimiento económico, los años 80 fueron para América Latina una "década perdida". Al iniciarse la década de los años 90, más de la mitad de los habitantes del continente vivían en la pobreza. De ahí que la lucha contra el subdesarrollo será, en palabras del autor de "Por una década de esperanzas", el principal desafío que los pueblos latinoamericanos deberán enfrentar a lo largo de este decenio. La batalla, sin embargo, no será fácil. La debilidad de las economías latinoamericanas y la deuda externa no permiten destinar los recursos necesarios para revertir esta situación. La integración latinoamericana puede ser, según expresa el artículo "Tercer Mundo", la solución para mejorar la economía de la región y reducir la división entre América Latina y los países industrializados.

POR UNA DÉCADA DE ESPERANZAS

Más de la mitad de la población latinoamericana vive entre la extrema pobreza y la pobreza tolerable.

Ha comenzado un nuevo decenio que nos sorprende y entusiasma. Caen las murallas ideológicas; se baten en retirada los autoritarismos; los pueblos quieren la paz y luchan por ella, con medios masivamente no violentos.

Pero el camino será todavía muy largo. La década que ha concluido, la de los años 80, ha sido calificada por CEPAL como la "década perdida" para los pueblos latinoamericanos. Es necesario entonces, que la presente década de los años 90 permita recuperar no sólo la dignidad nacional sino también crear las condiciones materiales para un desarrollo centrado en la persona humana.

De los actuales 5.200 millones de seres humanos que habitamos en el planeta Tierra, unos 1.199 millones viven en los países industrializados y 4.000 millones radican en los llamados países en desarrollo (Tercer Mundo). De estos 4.000 millones de pobres, 414 millones 516 mil personas somos latinoamericanos. 288 millones de latinoamericanos viven en zonas urbanas y 126 millones 258 mil habitan en zonas rurales.

Se estima que para 1995 la población de América Latina alcanzará la cifra de 489.025.000 habitantes. Y que para el año 2.000 seremos aproximadamente 534 millones 790 mil latinoamericanos. Más de la mitad de los actuales habitantes del continente se debaten entre la extrema pobreza y la pobreza tolerable. La década del 90 ha comenzado con una herencia de 240 millones de latinoamericanos que están debajo del límite de pobreza. El 60 por ciento de la población: cuatro de cada diez personas . . . CEPAL estimaba a mediados del 80 que para el año 2.000 el índice de pobreza sería igual o levemente superior a 170 millones de personas . . .

Lo que aconteció es que en los últimos ocho años la cifra aumentó bruscamente en 165 millones de pobres (un 27 por ciento más del promedio estimado). La pobreza fue más galopante en los 80 que ¡en los veinte años anteriores!

Algunos antecedentes

Aproximadamente en el 40 por ciento de los hogares latinoamericanos se vive alguno de los grados de la escala de desnutrición. El índice de crecimiento de la producción de alimentos ha bajado ostensiblemente de un 2,1 por ciento en 1980 a un 1,8 por ciento en 1987.

El impacto brutal de esta realidad no puede dejar de conmovernos: hoy 700.000 niños mueren al año por efecto de la desnutrición en nuestro continente. 1.917 niños por día . . . 79 niños por hora.

El 44 por ciento de las fuerzas laborales se encuentra sin trabajo o subempleada.

El 68 por ciento de los habitantes aloja en viviendas inadecuadas. Entre el 30 y 60 por ciento de la población vive en condiciones de hacinamiento, insalubridad y desamparo social, constituyéndose así una especie de "cuarto mundo", el de las áreas marginales de la civilización que ya alberga entre 82 y 100 millones de habitantes en favelas, campamentos, poblaciones, villa miseria u otras, con la consiguiente situación de violencia que en estos momentos arrastra entre 250 y 300 muertos por día. El empobrecimiento en el campo ha traído consigo una inmigración interna hacia las ciudades, aumentando los problemas urbanos y generando cordones de miseria alrededor de las grandes ciudades. Ante la carencia

¿Puede ser tolerable la pobreza de un niño?

de suelos aptos para construir, la población marginal comienza a ocupar basurales, cerros, lechos de ríos y zonas industriales. Cien mil personas viven en las áreas inundables del río Paraguay, por ejemplo (el 15 por ciento de los habitantes del Gran Asunción).

En Sao Paulo, el 70 por ciento de sus habitantes viven en la periferia de la ciudad. En tanto el 60 por ciento de las favelas (campamentos) están situadas en terrenos inundables.

A las condiciones materiales de pobreza y subdesarrollo se suman las severas realidades financieras de nuestras economías debilitadas. La deuda social (deuda interna) ya está ocupando el 40 por ciento del producto bruto regional, con 280 mil millones de dólares, en tanto que la deuda externa —el flagelo de nuestro siglo— compromete 420 mil millones de dólares. Cada latinoamericano "adeuda" 1.050 dólares por concepto de compromiso con dicha deuda.

La situación de la deuda externa ha traído consigo graves procesos de confrontación interna y difíciles negociaciones entre deudores y acreedores, que emplean las condiciones de la deuda como una nueva forma de colonialismo. Uno de los más graves problemas que nos afectan en dicho sentido es el de la transferencia neta de recursos financieros desde América Latina hacia los países desarrollados. Se estima que alrededor de 80 millones de dólares, diarios, salen desde nuestros países hacia la banca internacional. Las economías latino-

americanas ya no están en condiciones de resistir nuevos ajustes y nuevas condiciones en materia de deuda externa, prácticamente porque ya no cuentan con recursos suficientes para hacer frente a la grave crisis económica. El camino escogido por las dictaduras militares, de crear una "sensación" de desarrollo, tales como el llamado "milagro brasileño" o incluso el autodenominado "milagro chileno", sólo fue posible gracias al empleo de una política represiva que hizo posible contener la demanda social y castigar la organización de los pobres.

Por otro lado, la influencia del nuevo neoliberalismo más ortodoxo en nuestros países, hizo de América Latina el laboratorio de las nuevas estrategias de expansión del capitalismo internacional, con provechosas ventajas y grandes beneficios, en tanto que la masa de asalariados vio no sólo reducido su poder adquisitivo, sino que además vio disminuida su capacidad alimenticia, su derecho a la salud, a la educación y a la vivienda.

Las dictaduras militares facilitaron la concentración de la riqueza; bajo su esquema creció la marginalidad y se produjo una desigual distribución de los bienes. La brecha entre ricos y pobres aumentó a niveles desproporcionales.

Así entra América Latina a la década de los años 90: debatiéndose entre el subdesarrollo estructural y las esperanzas de una vida más digna y más justa.

Chile no es excepción en este cuadro. La transición democrática que iniciamos el 11 de marzo no implicará, necesariamente, cambios de fondo en la situación económica del país, pero habrá que librar entonces una nueva batalla: la del derecho a la autodeterminación económica y social.

Ganada la batalla política democrática y no violenta, queda por librar la lucha más crucial y desafiante de la presente década: distribuir con justicia la riqueza; atender de manera urgente a las necesidades de los más pobres; elevar el poder adquisitivo de los salarios; crear nuevas fuentes de empleo y, sobre todo, convocar a la activa solidaridad de los chilenos, de unos con otros, en un esfuerzo corresponsable, comunitario y participativo.

□ DOMINGO NAMUNCURA SERRANO
La Nación, Santiago, Chile

TERCER MUNDO

En Latinoamérica, como en otras partes del Tercer Mundo, la falta de una vivienda adecuada es uno de los principales problemas.

Todo país desarrollado quiere ser dueño absoluto de su propio destino, prueba de ello es que en el orden económico financiero han sentado bases bien firmes con un patrón de desarrollo industrial bien elevado.

Esto ha creado una brecha amplísima entre el sector opulento y el Tercer Mundo, término introducido por Alfred Sauvuy en 1955. El Primer y Segundo mundo están ocupados precisamente por países que manejan grandes economías; mientras que los países del Tercer Mundo se mueven como satélites en torno a éstos.

Los indicadores económicos muestran, incluso dentro de este Tercer Mundo, a algún país con alguna economía más saneada y que lógicamente lideriza al grupo; los más van quedando rezagados por su debilidad en el poder creativo de economías de mercado, pobreza en su capacidad de decisión, es decir, son países que reflejan una gran vulnerabilidad tanto interna como externa. Son economías con devaluaciones diarias del patrón dólar, que asciende constantemente, carecen de un plan para estabilizar precios justos y estables, te-

niendo una gran dificultad en ingresar a los mercados de desarrollo porque carecen de igualdad de oportunidades, con una tecnología e investigación científica reducida; en suma están en una etapa constante de prequiebra económica, con una profunda crisis estructural interna donde el o los partidos gobernantes no logran ponerse de acuerdo.

Latinoamérica es un continente en subdesarrollo por su marco de dependencia y debilidad. Son países sensibles y todos los problemas socioeconómicos tienen una profunda repercusión en su integridad y credibilidad. La riqueza de los países de avanzada es dolorosa, frente a $US 10.000 de ingreso anual para empleados no calificados, hay una suma que apenas llega a 180 $US en los países subdesarrollados. Ello lógicamente menoscaba su condición y miran con desesperación sus problemas internos, ante la falta de soluciones rápidas a su supervivencia. Este subdesarrollo muestra a una Latinoamérica conflicta y dependiente, por la carencia de planes concretos de crecimiento económico, dependencia en la pro-

ducción de materia prima, la inflación que ronda, como perro de caza, la deuda externa que no puede ser amortizada ya sea por el volumen de préstamo, los intereses que han empujado a esos países a la situación que sufren en el momento, agregando a ello el contrabando y el narcotráfico.

Por eso es que la Integración latinoamericana es un hito en el orden económico financiero; bien aplicada significará reducir la vulnerabilidad interna al establecer planes concretos de estabilización y en lo externo trazar estrategias de exportación oportunas y redituales, logrando así acceso a los mercados externos, con el fin de acortar distancia entre una y otra orilla.

Todos estos aspectos deben ser tocados por una política internacional creativa, progresista, procurando dejar de lado el conformismo y el denominativo de país subdesarrollado y no seguir dentro del esquema de los países comunistas, pobres, avasallados y dependientes.

☐ D. GUMIEL R.
Los Tiempos, Cochabamba, Bolivia

ANTES DE LEER

Notas explicativas "Por una década de esperanzas"

CEPAL Comisión Económica para América Latina, organismo dependiente de la Organización de las Naciones Unidas (ONU) que colabora en materias de carácter económico con todos los gobiernos de la región

favela (f); **campamento** (m); **población** (f); **villa miseria** (f) términos usados en distintos países latinoamericanos para designar un conjunto de viviendas construidas en forma improvisada, donde vive gente en condiciones de extrema pobreza. En España se habla de *chabolas*.

milagro brasileño (m) el auge económico vivido por Brasil en la década de los años 70

neoliberalismo (m) relativo a la aplicación de una política económica de libre mercado en algunos países de la región, por ejemplo Chile

Vocabulario "Por una década de esperanzas"

batirse en retirada alejarse, distanciarse
radicar en este contexto, vivir
debatirse galicismo por *luchar*
acontecer suceder, ocurrir
galopante en este contexto, aguda o grave
conmover causar una gran impresión
alojar en este contexto, habitar, vivir
hacinamiento (m) relativo al vivir en gran número en un espacio reducido
insalubridad (f) falta de higiene
desamparo (m) abandono
albergar dar albergue o un lugar donde vivir
arrastrar tener por consecuencia inevitable

carencia (f) falta
inundable que se cubre del agua de la lluvia o del desborde de un río
flagelo (m) calamidad, desastre
acreedor (m) persona a la que se debe dinero, lo contrario de *deudor*
ajuste (m) acción y efecto de ajustar o adaptar
poder adquisitivo (m) poder de compra
esquema (m) modelo
brecha (f) en este contexto, distancia
librar una batalla luchar por conseguir algo (galicismo)
desafiante que desafía o hace frente a un problema

"Tercer Mundo"

sentado establecido
patrón (m) modelo
opulento rico
saneada sin problemas
liderizar ser líder
quedar rezagado quedar atrás
ingreso (m) salario
no calificado sin preparación o estudios especializados

menoscabar dañar, deteriorar
amortizar pagar el capital de un préstamo
hito (m) punto importante
trazar delinear
reditual beneficioso
avasallado sometido a otro, oprimido

El tema y tú

Los dos artículos que se incluyen se complementan entre sí, ya que ambos mencionan problemas específicos de América Latina. Lee ambos textos y al hacerlo haz una lista-resumen de los problemas que en ellos se mencionan. Compara también las soluciones que se dan en uno y otro artículo.

DESPUÉS DE LEER

Preguntas

1. ¿A qué aspectos de la realidad social latinoamericana se refiere el autor del primer artículo?

2. ¿Qué significado tiene el concepto "cuarto mundo" en el contexto del artículo que has leído? ¿Qué ejemplos específicos da el autor para ilustrar este concepto?

3. ¿Qué efectos tuvieron las dictaduras militares y el neoliberalismo económico en la problemática social latinoamericana?

4. ¿Qué generalizaciones hace el autor del segundo artículo con respecto a las economías del Tercer Mundo?

5. ¿Qué quiere decir el autor de este artículo con "Latinoamérica es un continente en subdesarrollo por su marco de dependencia y debilidad"?

¿Qué opinas tú?

1. ¿Crees que las naciones ricas deberían ayudar más a los países pobres, como los de América Latina? ¿Por qué? Si estás de acuerdo, ¿de qué manera crees que se podría materializar esa ayuda?

2. ¿Crees que los países ricos deberían condonar la deuda externa de los países en vías de desarrollo, como los de América Latina? ¿Sería ésa una buena manera de resolver sus problemas económicos? Explica tu postura e intercambia opiniones con tus compañeros.

Actividades de grupo

En algunos países industrializados, como Estados Unidos o Gran Bretaña, existen organizaciones de voluntarios que prestan servicios durante un período determinado en países del Tercer Mundo. En grupos de tres o cuatro se analizarán las ventajas y desventajas de este tipo de práctica. Un miembro del grupo presentará un informe oral con los principales argumentos y conclusiones al resto de la clase.

Redacción

El autoritarismo político ha llegado a su fin en muchos países de América Latina. La mayor parte de las naciones del continente y de otras partes del mundo — Europa del este por ejemplo — han adoptado formas democráticas de gobierno. Explica lo que entiendes por autoritarismo y democracia en un contexto político, y cuáles son, en tu opinión, los efectos de uno y otro régimen sobre el diario vivir. Da ejemplos concretos si es posible.

Los dos artículos que siguen tratan el mismo tema: la progresiva igualdad entre hombres y mujeres, especialmente en el campo laboral. La mujer española, como antes lo hicieron otras europeas, se ha incorporado masivamente al mundo del trabajo, llegando a realizar incluso actividades que antes eran consideradas como "típicamente masculinas". El primer artículo — "Una revolución en marcha" — trata el tema de manera más general. El segundo — "Más difícil todavía" — se centra en las dificultades que ha tenido que vencer la mujer para acceder a determinados puestos de trabajo.

UNA REVOLUCIÓN EN MARCHA

La revolución de las mujeres está en marcha en España. Si los años sesenta estuvieron marcados por la dinámica del cambio económico y los setenta por la del cambio político, los ochenta y la actual se configuran como las del cambio, creciente e imparable, hacia la progresiva igualdad social entre hombres y mujeres. Ésta es la principal conclusión extraída por los sociólogos José Juan Toharia y Rafael López Pintor de los resultados de un sondeo de opinión encargado por EL GLOBO.

Este proceso de equiparación es creciente y acelerado, como lo demuestra la comparación de los resultados de este sondeo con los obtenidos en anteriores consultas. En los últimos años se ha ido generalizando el sentimiento de que existe discriminación. Las expectativas y deseos de igualdad para la mujer crecen a medida que tiende a ir desapareciendo la discriminación.

El cambio se está produciendo en todos los campos. La escolarización secundaria plena de la mujer es una realidad, y desde hace varios años son mayoría en las aulas universitarias. En los últimos cuatro años la actividad laboral femenina se ha incrementado en un 25 por ciento, disminuyendo al tiempo la proporción de mujeres adultas que dicen no haber trabajado nunca.

La actitud favorable al trabajo de la mujer fuera del hogar es muy superior, incluso, a su actual participación en el mercado laboral. Nueve de cada 10 mujeres y 8 de cada 10 hombres se declaran partidarios del trabajo de la

EXPERIENCIA LABORAL DE LA MUJER

"¿Cuál ha sido su experiencia laboral de trabajo remunerado?"

	Los 80	Los 90
No ha trabajado nunca	32	26
Ha hecho trabajos ocasionalmente pero ahora no trabaja	26	26
Trabaja de manera regular o permanente	25	31
No contesta	17	17
Total	100	100

EL TRABAJO FUERA DEL HOGAR

"En relación con el trabajo fuera del hogar, ¿usted cree que una mujer debe trabajar si es . . . ?"

	Los 70	Los 80	Presente	
	Amas de casa	% mujeres	Mujeres	Hombres
Soltera	91	91	98	96
Recién casada	56	78	85	76
Casada sin hijos	68	76	85	76
Casada con hijos mayores	42	63	75	64
Casada con hijos pequeños	16	37	55	46

DERECHO A ENCONTRAR TRABAJO

"En épocas de mucho paro el hombre tiene más derecho a encontrar trabajo que la mujer . . ."

	Los 80		Los 90	
	Mujeres	Hombres	Mujeres	Hombres
Totalmente de acuerdo	30	30	25	28
Bastante de acuerdo	26	27	21	24
Más bien en desacuerdo	16	19	19	19
Totalmente en desacuerdo	22	21	31	25
No contesta	6	3	4	4

La presencia femenina es un hecho en el mundo empresarial.

mujer recién casada o casada sin hijos (hace 20 años esa proporción apenas superaba el 50 por ciento). E incluso en el supuesto más extremo—trabajo fuera del hogar de la mujer casada, con hijos pequeños—, la opinión favorable ha crecido en un 38 por ciento en tan sólo cuatro años (un 55 por ciento de las mujeres consultadas y un 44 por ciento de los hombres aprueban hoy este hecho). Y si para ese mismo supuesto se comparan las opiniones actuales con las recogidas hace 20 años, se observa que la postura favorable ha crecido casi en un 250 por ciento.

También ha aumentado mucho, últimamente, la población contraria a la frase: "En épocas de mucho paro el hombre tiene derecho preferente sobre la mujer a ocupar un puesto de trabajo". El 50 por ciento de las mujeres y el 44 por ciento de los hombres no admiten hoy esta aseveración.

□ Revista *El Globo,* Nº 23, España

MÁS DIFÍCIL TODAVÍA

En los últimos diez años la presencia de la mujer en el trabajo se ha consolidado. Como si de una estampida se tratase, muchas mujeres han salido de sus casas, y aunque pueda parecer contradictorio, han buscado en el yugo del trabajo su liberación. Junto al avance espectacular en el número de mujeres incorporadas al mundo laboral se perfila un cambio cualitativo en cuanto al tipo de actividad que realiza. Sin embargo, su presencia en muchos campos es escasa y en algunos, nula. Un dato significativo es que sólo un 15 por ciento de los parlamentarios de todo el mundo son mujeres. Y en la historia reciente de este país, como excepción que confirma la regla, tan sólo hemos tenido una mujer en el equipo ministerial, la ex ministra de cultura Soledad Becerril.

Y es que, aunque se habla de esta década como la década de la mujer, todavía siguen existiendo problemas y dificultades para acceder a determinados puestos de trabajo. Profesiones que tradicionalmente han sido consideradas como "sólo para hombres" ven con recelo la llegada de la mujer. Lo más escabroso en estos casos es abrir brecha, después vendrán otras que continuarán la labor. Estas pioneras son mujeres que se arrojan al más difícil todavía y que entre redobles de tambor se lanzan en pos de aquello que quieren. Mujeres valientes, conquistadoras con nombre y apellido, como las cuatro mujeres asturianas que hace un año solicitaban su incorporación a las minas

Se ven más mujeres en puestos tradicionalmente considerados "sólo para hombres".

de Hunosa y que después de un largo debate público consiguieron su objetivo. Para María Teresa Menéndez, hoy ya minera de hecho y derecho, "Lo más importante además de haber conseguido el trabajo, es que se ha roto una barrera que impedía nuestra igualdad con los hombres". Pero la igualdad no se consigue sólo con decirlo, y aunque casi todas reconocen encontrarse muy a gusto con su trabajo, también señalan dificultades que les vienen por su condición, "por el hecho de ser mujer te rechazan e ignoran tu capacidad como profesional", afirma María José Revaldería, piloto de turismo en circuito, y añade con satisfacción: "al principio no se preocupaban de mí, pero cuando empecé a conseguir mejores puestos, algunos, los más desconfiados, han llegado a pedir que verificaran mi motor".

Cuando Magdalena Rigo accedió a su puesto de bombera en Mallorca tuvo que trabajar duro para que se le considerara como a uno más. "Les chocaba ver una mujer allí con ellos,

pero sólo fueron los primeros días, después empezaron a tratarme de igual a igual". Los recelos le vinieron a María del Carmen Muñoz, cartera, más de gente de la calle que de los propios compañeros. "Algunas veces se acerca algún señor que me dice: "¡Qué vergüenza, con el paro que hay y que esté una mujer trabajando! Lo único que hacéis es quitar puestos de trabajo a los hombres". Nuevas ocupaciones para mujeres que casi siempre despiertan dudas, pero nunca indiferencia. Tal es el caso de María Aburto, primera mujer piloto de Iberia, que desde pequeña se había propuesto esta meta y que desea que dentro de poco, "el que una mujer

consiga este trabajo no tenga que ser noticia".

Una vez abiertas las puertas, la excesiva protección de la mujer puede ser negativa, opina Isabel Vighi, una palentina encargada de la Comunidad Europea de vigilar el cumplimiento de las directivas comunitarias en materia de igualdad entre sexos, para quien "no existe ninguna razón para impedir el acceso de una mujer a trabajos considerados duros. Tratando de proteger a las mujeres se las discrimina. Nadie se plantea prohibir a un hombre que sea peluquero".

□ JUANA IGLESIAS
Revista *Cambio 16*, N° 855, España

ANTES DE LEER

Notas explicativas

"Una revolución en marcha"

El Globo   una publicación de fines de los años 80. Aunque la revista tuvo corta duración, se incluye aquí este artículo por el interés que representa su contenido.

cambio político   relativo al fin de la dictadura tras la muerte del general Francisco Franco (noviembre 1975) y el inicio de la transición democrática

"Más difícil todavía"

Iberia   línea aérea española
palentina   persona natural de

Palencia, capital de la provincia del mismo nombre

Vocabulario

"Una revolución en marcha"

imparable   que no se puede parar o detener
sondeo de opinión *(m)* investigación realizada entre cierto número de personas para saber lo que piensan sobre un asunto determinado
equiparación *(f)*   igualación, acción y efecto de igualar

escolarización *(f)*   educación
partidario de   a favor de
supuesto *(m)*   relativo a suponer, algo que es puramente hipotético
recogidas   en este contexto, obtenidas
paro *(m)*   desempleo
aseveración *(f)*   afirmación

"Mas difícil todavía"

yugo *(m)*   literalmente, madero que se pone en la cabeza de los bueyes; en sentido figurado, una carga pesada
se perfila   se observa
regla   norma
recelo *(m)*   desconfianza, temor
escabroso   difícil
abrir brecha   abrir camino

arrojarse   lanzarse
en pos de   en busca de
piloto de turismo *(m)*   en este contexto, persona que conduce un automóvil de carrera
chocar   molestar o causar extrañeza
meta *(f)*   objetivo
plantearse   proponer algo

El tema y tú   Antes de leer los artículos, considera las preguntas que siguen y si es posible comenta las respuestas con un compañero.

a. ¿Existen grupos feministas en tu país?

b. ¿Crees que en tu país existe igualdad entre hombres y mujeres en el mundo del trabajo? Explica y da ejemplos.

c. ¿Existen en tu país leyes que impidan o castiguen la discriminación sexual? Explica y da ejemplos.

Lee ahora los artículos y cuadros estadísticos y compara la situación de tu país con lo que sucede en España.

DESPUÉS DE LEER

Preguntas   1. Según el primer artículo, ¿qué quiere decir "La revolución de las mujeres está en marcha en España"?

2. ¿Cómo se manifiesta esta "revolución" en el campo educativo?

3. ¿En qué sentido ha favorecido este cambio a la mujer casada?

4. ¿Qué quiere decir la autora del segundo artículo con "aunque pueda parecer contradictorio, (las mujeres) han buscado en el yugo del trabajo su liberación"?

5. ¿Qué dificultades persisten para la mujer, según la autora?

¿Qué opinas tú?   1. Si eres mujer, ¿te has sentido alguna vez discriminada por el hecho de serlo? ¿De qué manera?

2. Si eres varón, ¿consideras que la mujer debe tener iguales oportunidades que tú y acceso a todas las esferas del mundo laboral? Explica.

3. En el ámbito familiar propio o en el de tus amigos, ¿existen tratos diferentes para el hombre y para la mujer que puedan considerarse como ejemplos de discriminación sexual? ¿Entre hermanos y hermanas, por ejemplo? Intercambia opiniones con tus compañeros.

Actividades de grupo   Reunidos en grupos de cinco o seis, los estudiantes se dividirán para defender estas opiniones:

1. En el campo laboral debe existir total igualdad entre hombres y mujeres, dado que ambos sexos tienen las mismas capacidades.

2. Las capacidades del hombre y de la mujer son diferentes, de ahí que ciertas actividades laborales serán desempeñadas mejor por uno que por otro sexo.

Al finalizar la discusión, miembros de cada grupo presentarán los distintos argumentos y conclusiones a la clase.

Redacción   En muchos países de habla española, sobre todo en Hispanoamérica, existe una marcada discriminación hacia la mujer, especialmente en el campo laboral. Imagina que estás escribiendo una carta a una amiga hispana. Dile lo que sabes sobre la situación de la mujer en Hispanoamérica y explícale lo que sucede al respecto en tu país.

En una entrevista con el intelectual europeo Cristian Delacampagne se analiza el tema del racismo en la Europa actual. El racismo, basado en postulados seudocientíficos, sigue estando presente en la sociedad europea, siendo los principales afectados las razas de color.

Entrevista a Cristian Delacampagne

EL RACISMO ESTÁ VIVO EN EUROPA

Cristian Delacampagne es uno de los escasos intelectuales europeos que han analizado el fenómeno del racismo.

—¿Cómo definiría usted el racismo?

—Hay que distinguir el racismo de otras formas de comportamiento hacia el otro, como la xenofobia o la misantropía. El racismo se apoya en una teoría seudocientífica, que pretende justificar la superioridad física, moral e intelectual de un grupo étnico. Lo que da su importancia al racismo es su pretensión científica.

—¿Cree que en las sociedades desarrolladas existe racismo o sólo manifestaciones de discriminación o movimientos de defensa de grupos que se sienten amenazados en su estatus?

—En los discursos que se hacen hoy en día sobre este tema existe una gran confusión. A menudo se llama racismo a formas de hablar o de actuar frente al otro que, en realidad, no tienen nada que ver con el racismo específicamente considerado. En todas las sociedades modernas hay prácticas de discriminación, actuaciones de grupos para defenderse de otros grupos. Pero eso es otra cosa.

—¿Significa eso que el racismo como tal en Europa es una práctica insignificante?

—No, desgraciadamente el racismo está muy vivo. Hay que tener en cuenta que el racismo es una práctica típica de las sociedades europeas. Ha nacido en Europa y se ha desarrollado aquí, antes de exportarse al mundo, al mismo tiempo que se extendía su cultura. Y, a pesar de las guerras y de las condenas que ha sufrido en todos los foros internacionales, sigue siendo una actitud en pleno desarrollo.

—¿Cómo se expresa hoy ese racismo?

—Sus principales manifestaciones son más o menos las mismas que hace cincuenta años. Todavía existe racismo en contra de las llamadas razas de color. También perdura el antisemitismo, aunque quizá hoy sea menos histérico y menos elaborado que en los años treinta.

—¿Existe alguna relación entre los nuevos brotes de racismo y el alto nivel de vida de las sociedades europeas?

—No existe conexión directa entre el confort y el racismo. Nos guste o no, las actitudes racistas se desarrollan igual entre los obreros que entre los burgueses. Es independiente de las clases sociales. También de los partidos. En los partidos llamados progresistas hay tanto racismo como en los partidos llamados conservadores. El racismo es un tipo de mentalidad transversal a las clases y a los partidos. Está relacionado con una especie de angustia que agobia a unos determinados individuos en unas situaciones también específicas. Hay gente que se siente amenazada por el actual proceso igualatorio de la sociedad y pretende volver a crear barreras y diferencias donde ya no las hay. Para justificar esto aparece el discurso seudocientífico racista.

—¿A qué se debe que en Europa el racismo parezca estar ligado políticamente a fenómenos populistas, como el nazismo y el caso actual de Le Pen, en Francia?

—La verdad es que tanto en la burguesía educada y culta como en las clases populares hay defensores de las ideas raciales. El discurso seudocientífico del racismo se ha incorporado a las zonas más oscuras de nuestra conciencia. A menudo, espontáneamente, cuando no estamos reflexionando, cuando no hacemos el esfuerzo de pensar, cuando nos dejamos llevar por los tópicos, todos somos capaces de tener reacciones racistas. El problema surge cuando estas reacciones de mal humor se desarrollan en un discurso elaborado, sistemático y con fines prácticos.

—¿Cuáles son los países de Europa donde el peligro racista es más notorio?

—En la actualidad casi todos los países de Europa occidental conocen prácticas o discursos de este tipo. La razón es sencilla: en una democracia es muy difícil prohibir la formulación de estas teorías. En el Este, el problema es idéntico, lo que sucede es que como no existen libertades no nos enteramos.

—¿**Es posible combatir democráticamente el racismo en Europa?**

—La cuestión radica en que actualmente no existen grupos basados exclusivamente en la ideología racista. Si fuera así, sería más fácil señalarlos e impedir su actuación. En muchos casos el racismo es un aspecto marginal de ideologías más complejas que no se pueden prohibir, ya que reflejan el punto de vista de una parte de la sociedad. Hay mucho racismo escondido.

—¿**Se puede decir que cada país europeo tiene su racismo particular?**

—Cada pueblo tiene sus chivos expiatorios, porque cada uno de ellos tiene su historia y sus relaciones privilegiadas.

—¿**Cree usted que el pueblo español es racista?**

—El caso de España es un poco aparte. Las manifestaciones probablemente más intensas de racismo en este país se han producido hace mucho tiempo, en el siglo XV, cuando se eliminó a los judíos y musulmanes. Aunque no fue un proceso de racismo en sentido estricto. Existía un trasfondo teológico, de lucha entre religiones. Hoy en día, España se encuentra en la misma situación que otros países de Europa. Todo depende de como siga la entrada de emigrantes, el desarrollo de la crisis económica y la postura que adopte la sociedad ante ese supuesto peligro. Yo no he notado gestos racistas en los españoles. Sólo en algunas expresiones del lenguaje hay ideas que recuerdan antecedentes racistas.

□ RAFAEL CID
Revista *Cambio 16,* Nº 836, España

ANTES DE LEER

Notas explicativas

Le Pen líder del partido *Frente Nacional* de Francia, de extrema derecha, que se opone al ingreso de nuevos inmigrantes extranjeros a Francia y propone, incluso, su repatriación y la de sus familias a sus países de origen. En Francia, la mayor parte de los trabajadores extranjeros proviene de África.

expulsión de judíos y musulmanes en la última respuesta, referencia a la expulsión de judíos (1492) y musulmanes (1609) que tuvo lugar en España después de la Reconquista

Vocabulario

xenofobia *(f)* odio a los extranjeros

misantropía *(f)* aversión a la humanidad

brote *(m)* en este contexto, manifestación

burgués *(m)* persona de la clase acomodada u opulenta

angustia *(f)* aflicción, ansiedad

agobiar causar gran molestia, deprimir

ligado unido, asociado

surgir manifestarse

chivo expiatorio *(m)* persona a la que se culpa de algo injustamente

trasfondo *(m)* elemento no visible o aparente

supuesto hipotético

encuestado expuesto a un sondeo de opinión o una investigación

El tema y tú

Antes de leer el artículo contesta brevemente estas preguntas:

1. ¿Qué manifestaciones de racismo conoces en la historia europea?

2. ¿Qué sabes con respecto del racismo en la Europa actual o en algún país europeo en particular?

3. ¿Existen actitudes que se puedan calificar de racistas en tu propio país? ¿Qué ejemplos conoces?

DESPUÉS DE LEER

Preguntas

1. El entrevistado dice: "el racismo es una práctica típica de las sociedades europeas". ¿Qué quiere decir con esta afirmación? ¿Estás de acuerdo? ¿Por qué?

2. ¿Cómo se manifiesta el racismo en Europa según el señor Delacampagne?

3. ¿Cree él que el racismo disminuye con el progreso económico? Explica.

4. ¿Qué dificultades existen para combatir el racismo en una sociedad democrática?

¿Qué opinas tú?

1. ¿Crees que el racismo es un problema superado en tu país? Explica y da ejemplos, intercambiando opiniones con tus compañeros de la clase.

2. ¿Crees que la legislación antirracista puede ayudar a combatir el racismo en un país? Explica tu postura y da ejemplos, si es posible, con respecto a tu propio país.

Actividades de grupo

En grupos de tres o cuatro se analizará el papel que la escuela y la educación en general podrían jugar en la creación de actitudes de tolerancia racial en los jóvenes. Cada estudiante manifestará su opinión al respecto y sugerirá maneras de crear tales actitudes. Finalizada la discusión, un miembro del grupo presentará un informe oral a la clase, resumiendo las ideas.

Redacción

1. En los países hispanoamericanos y en España se dan también casos de discriminación racial. Imagina que durante una estancia en un país de habla española has tenido oportunidad de observar un hecho concreto de esta naturaleza. Escribe una carta al periódico local relatando el hecho y manifestando tu rechazo a este tipo de actitudes.

2. Escribe un artículo sobre el tema: "El racismo, una actitud irracional".

El deterioro de la situación económica en Venezuela donde, según el autor del artículo, el 40 por ciento de la población vive "sin saber exactamente qué va a comer y dónde va a comer", lleva al autor a plantear que la violencia es en este caso una "alternativa válida" para reclamar el "derecho a la vida".

VIOLENCIA... ¿ALTERNATIVA VÁLIDA...?

Si recurrimos a la violencia es porque no tenemos otra alternativa . . .
Nelson Mandela (20-6-90)

Los pistoleros no son los únicos que provocan la violencia.

Se preguntaba una vez un obrero: ¿quién inventó la policía . . . los ricos o los pobres . . . ? Sin duda la policía la inventaron los poderosos y muchas veces, esas instituciones son usadas para reprimir los justos reclamos del pueblo.

El propio General Charles de Gaulle dijo en su Gabinete: Señores: ¡hacedme una buena economía y yo realizaré una buena política . . . !

Sin duda, allí está gran parte de la verdad que necesita escuchar nuestro pueblo hambreado y arruinado por los gobiernos "que saquean y se dejan saquear".

¡Efectivamente . . . ! si la inflación se devora el salario de los trabajadores, la deuda externa consume nuestras reservas internacionales, el dólar cada día cuesta más, prácticamente no hay crédito para la pequeña y mediana empresa agrícola e industrial, las inversiones del sector privado continúan sin aparecer, la fuga de capitales se agudiza y se siguen depositando miles de millones de dólares en el exterior, reincidimos así mismo con un suicida y criminal endeudamiento, si la corrupción continúa su robo al pueblo, si la liberación de precios significa hambre, desastre y crimen en el sector marginal . . . pregunto: ¿el 40 por ciento de la población que padece esta injusta política económica, debería incorporarse a un carnaval de juegos florales . . . ? O ¡reclamar su derecho a la vida . . . !

Ese 40 por ciento de la población que amanece sin saber exactamente qué va a comer y dónde va a comer, necesariamente tendrá que recurrir a la violencia pues económicamente se le está agrediendo en forma artera y su derecho a la vida se le está cercenando.

Es lo que el Fiscal General de la República declaró: ¡no existe el estado de derecho en Venezuela . . . ! Sólo los poderosos que pueden pagar costosos bufetes conectados con la oligarquía política, los corruptos que compran y venden justicia . . . gozan en Venezuela de "estado de derecho".

Los que recurren a la violencia por hambre, los que enloquecen ante el "paquete sanguinario y criminal", las miles de familias que han pasado de clase media a clase pobre y no tienen con qué pagar los estudios de sus hijos, los tres o cuatro millones de venezolanos que no pueden curar su enfermedad por estar "liberados los precios de las medicinas", los miles de apartamentos que están siendo ejecutados en la forma más miserable por el sector financiero y por particulares que se aprovechan de la ocasión . . . todo esto es: ¿violencia de quién contra quién . . . ?

Muy simple: VIOLENCIA DE LOS PODEROSOS DEL GOBIERNO, DE LA POLÍTICA Y DEL DINERO contra el pueblo que, al fin y al cabo es el dueño de esa riqueza que le ha sido robada en: el endeudamiento, en las empresas del Estado, en los Bonos de Exportación y en cada uno de los actos de corrupción cometidos desde hace 14 años para acá, que suman cientos de miles de millones de dólares.

Esas políticas económicas "sui generis" no pueden ser defendidas por nadie. Por lo contrario necesitan pulverizarse, y castigarse hasta las raíces.

Los violentos pues, son los que practican una política asesina, criminal y genocida. No los que reclaman su derecho a la vida. (Art. 58 de la Constitución Nacional).

□ ROSELIANO OJEDA
El Mundo, Caracas, Venezuela

ANTES DE LEER

Notas explicativas

Nelson Mandela líder activista negro sudafricano cuya lucha por los derechos de la población negra de su país le valió largos años de prisión

sector marginal *(m)* aquéllos marginados de la sociedad, los pobres

Fiscal General de la República *(m)* principal autoridad judicial del país

ejecutados en este contexto, hace referencia a la expropiación de viviendas por no pago de la deuda contraída con la institución que otorgó el préstamo para su compra

sui generis locución latina que significa *de su especie,* lo que caracteriza una cosa

Vocabulario

poderoso rico
hambreado con hambre
arruinado empobrecido
saquear robar
inversión capital destinado a la producción
fuga *(f)* en este contexto, salida
reincidir volver a caer en un mismo error o falta
endeudamiento *(m)* en este contexto, relativo a la deuda externa del país

padecer sufrir
amanecer despertar
recurrir a hacer uso de
agredir atacar
artero en este contexto, con mala intención
cercenar reducir
bufete *(m)* despacho, oficina
enloquecer volverse loco
al fin y al cabo después de todo
para acá hasta ahora
pulverizarse destruirse

El tema y tú

¿Qué ejemplos concretos da el autor del artículo para justificar su postura frente a los problemas socioeconómicos que vive Venezuela? Lee el texto y haz una lista de todos ellos.

DESPUÉS DE LEER

Preguntas

1. ¿Qué crees que quiere decir el autor con "reclamar su derecho a la vida"?
2. ¿Quiénes son los culpables del deterioro social en Venezuela, según el autor del artículo?
3. ¿Quiénes son los violentos, según él?

¿Qué opinas tú?

Compara la postura del autor de este artículo frente a la injusticia social expresada en el artículo "Por una década de esperanzas" (página 5). ¿Qué diferencias puedes observar? ¿Qué soluciones da uno y otro autor? ¿Cuál de ellas apoyas tú? Intercambia opiniones con el resto de la clase.

Actividades de grupo

En grupos de tres o cuatro se analizará el planteamiento del autor del artículo: frente a la injusticia social, la violencia es una alternativa válida. Los miembros del grupo presentarán argumentos para rebatir o apoyar esta tesis. Finalizada la discusión, un miembro del grupo resumirá oralmente los argumentos y conclusiones para el resto de la clase.

Redacción

El autor del artículo expresa: "Sin duda la policía la inventaron los poderosos y muchas veces, esas instituciones son usadas para reprimir los justos reclamos del pueblo". ¿Estás de acuerdo o en desacuerdo con lo expresado por el autor? En tu opinión, ¿cuál es y debería ser el papel de la policía? Explica tu postura al respecto por escrito.

EDUCACIÓN

Llegado el período de exámenes finales, los estudiantes españoles, como los de otras partes del mundo, viven momentos de gran ansiedad. La necesidad de asimilar en corto tiempo materias estudiadas a lo largo de varios meses, y el deseo urgente de aprobar, provoca en muchos jóvenes verdaderas crisis nerviosas, que en los casos más extremos pueden tener trágicos desenlaces. El artículo — "Exámenes que quitan el sueño" — analiza de manera global esta situación.

EXÁMENES QUE QUITAN EL SUEÑO

La psicosis de exámenes provoca en los estudiantes insomnio y nervios

Desde mayo hasta finales de junio casi todos los españoles que estudian se examinan de una o varias asignaturas. Los más pequeños lloran de impotencia, histeria o nervios, se muerden las uñas o se mesan el cabello y los hermanos se pelean por cualquier motivo. Rompen, sin querer, más cosas que en otras épocas del año. Los jóvenes de BUP y COU y los universitarios o estudiantes en centros empresariales hacen correr el café bien cargado, fuman peor y más de lo normal, se enfadan con los amigos o tienen una crisis con su pareja, toman pastillas para no dormir, abusan de los tranquilizantes y recurren a las grageas con vitaminas, entre ellas la B_{12}, que es como la autopista de las sustancias reforzantes. Están cansados, saben que disminuye su rendimiento mental, la capacidad de concentración se debilita. Necesitan una mochila cargada de artículos que les ayude a superar esos últimos metros de la carrera final. Pretenden ser, en el futuro, tan éticos y competentes como los profesionales, empresarios o políticos actuales. Pero un mal examen puede retrasar o suspender ese deseo.

Los periódicos publican de vez en cuando informaciones según las

Adultos y niños por igual sufren la psicosis de exámenes.

cuales algún niño o joven se suicida antes o después de un examen. Algunos huyen de casa por temor a las represalias. Los padres, familiares y amigos señalan que el estudiante en cuestión "está muy raro", "altamente irritable", "contesta más que nunca" y "tiene comportamientos extraños". Es la ansiedad. Es el miedo al juicio final.

En efecto. Psicólogos consultados indican que muchos estudiantes se han colocado en una situación similar a la que se puede producir pocos momentos antes del, para algunos, probable juicio final. María Teresa Fernández Soriano, psicóloga, profesora de técnicas de expresión y método de estudio señala que "el estudiante viene mal preparado de BUP y COU.

Ante el examen pierde absolutamente todo lo que había aprendido. Algunos dicen que es como el juicio final y esa situación es la que aquí corregimos. Se sabe que algunos se desmayan en el momento de iniciarse el examen. El desmayo es la mayor pérdida de conciencia que existe".

No todos son iguales

Los estudiosos señalan que los resultados académicos dependen de diversos factores: inteligencia y facultades especiales, 50 al 60 por ciento. Actividad, métodos de estudio eficaces y esfuerzo, 30 al 40 por ciento. Suerte y factores ambientales, 10 al 15 por ciento. El estudiante que tenga un 15 por ciento de suerte, un 40 por ciento de método eficaz y un 60 por ciento de inteligencia es un alumno más que excelente. Un mirlo blanco.

Un alumno inteligente y que utiliza métodos eficaces de estudio suele buscar el mejor momento del día para ligar con sus libros y apuntes. Los expertos señalan que, siempre con las excepciones que confirma la regla, por la mañana se aprende más de prisa pero se olvida antes lo aprendido. Por la tarde y noche se aprende más despacio pero se olvida más difícilmente. Los alumnos que han estudiado por la noche y los que lo han hecho por la mañana acuden a todos sus exámenes. Buscan el éxito.

María Teresa Fernández Soriano señala que el alumno tiene que tomar conciencia de cuál es la realidad a la que va a enfrentarse y que la prueba no se transforme en una fantasía y se convierta fatalmente en una prueba existencial. "Los alumnos—dice—a veces piensan que deben responder no a la pregunta sino a las expectativas que los padres o los profesores tienen sobre ellos".

Los exámenes, concluyen los estudios del Departamento de Psicología de la Educación de la Universidad Autónoma de Barcelona, son injustos, pero inician un proceso de experiencia de éxitos o de fracasos altamente decisivos para su futuro profesional. Para saber y luego aprobar hay que estar motivado, asistir a las clases, estudiar bien, subrayar, realizar esquemas, tener un método y cumplir unos horarios. Quizás así no sea necesario pasar la prueba del terrible Juicio Final.

☐ RAFAEL WIRTH
La Vanguardia,
Barcelona, España

ANTES DE LEER

Notas explicativas

BUP   Bachillerato Unificado Polivalente, equivalente a la educación secundaria

COU   Curso de Orientación Universitaria, que tiene un año de duración y se realiza después del BUP y antes de iniciar una carrera universitaria

Vocabulario

quitar el sueño   no dejar dormir
mesar el cabello   tirar del pelo
hacer correr el café   beber mucho café
bien cargado   en este contexto, con mucho café; muy fuerte
gragea *(f)*   píldora, comprimido
autopista *(f)*   en este contexto, la de mayor potencia
rendimiento *(m)*   utilidad
represalia *(f)*   en este contexto, castigo

juicio *(m)*   sentencia, en este contexto y en sentido figurado hace referencia a la creencia de que al fin del mundo Dios juzgará a todos los seres humanos
desmayarse   perder conciencia
mirlo blanco *(m)*   persona extraordinaria
ligar   unirse
fracaso *(m)*   falta de éxito
esquema *(m)*   tabla o gráfica

El tema y tú

Considera estas preguntas y comenta las respuestas con tus compañeros.

1. Según tu propia experiencia, ¿qué importancia atribuyen los profesores y estudiantes a los exámenes finales?

2. ¿Producen en ti los exámenes finales alguna alteración de tipo nervioso? Explica lo que sientes y cómo actúas.

Lee ahora el texto y compara tus experiencias y las de tus compañeros con las de los estudiantes españoles.

DESPUÉS DE LEER

Preguntas

1. Según el artículo, ¿cómo se sienten y cómo actúan los estudiantes españoles durante el período de exámenes finales?
2. Según los estudiosos, ¿de qué factores dependen los resultados académicos?
3. ¿Qué dicen los expertos con respecto a la hora del día en que estudian los alumnos?

¿Qué opinas tú?

1. El artículo habla de aprender a estudiar. ¿Qué entiendes por esto?
2. ¿Qué técnicas usas para estudiar? ¿Crees que son las adecuadas? Explica.
3. Según el artículo, los estudiantes españoles consumen mucho café, tranquilizantes y vitaminas durante el período de exámenes. ¿Qué piensas de esta práctica?

Actividades de grupo

En grupos de tres o cuatro se analizará el papel que tienen los exámenes en la vida escolar o académica. Se considerarán, entre otros, los siguientes puntos:

1. Importancia que se da a los exámenes dentro del sistema educativo.
2. La eficacia de los exámenes en la medición de conocimientos.
3. La forma de administración de los exámenes dentro del sistema educativo del país. Es adecuada/inadecuada? ¿Qué cambios desearían ver?
4. Posibles formas alternativas para medir conocimientos. Uno o dos estudiantes resumirán oralmente los argumentos y conclusiones para el resto de la clase.

Redacción

1. Imagina que un amigo o una amiga de habla española te ha escrito una carta angustiada contándote que ha suspendido un examen muy importante. Responde a su carta dándole consejos sobre cómo enfrentar y actuar frente a esta situación.
2. Escribe un artículo sobre el tema "Factores que influyen sobre el éxito académico".

Las condiciones de vida que existen en muchos de los países del Tercer Mundo obligan a muchos niños —a edad muy temprana— a abandonar sus estudios y ganarse la vida tal como lo hacen los adultos. La explotación que a menudo se hace de estos menores que trabajan, ha llevado a un grupo de educadores guatemaltecos a la creación de un programa de ayuda que permite que niños y niñas trabajadores puedan aprender un oficio y ejercer actividades remuneradas sin abandonar totalmente sus estudios.

LOS NIÑOS TRABAJADORES

Muchos niños se ven forzados a abandonar la escuela para dedicarse al trabajo.

Rousseau lo dijo: "Dadme un niño y os entregaré un hombre". Sin embargo, los tiempos idílicos han cambiado. La explosión demográfica registrada en los países del Tercer Mundo ha producido el fenómeno de encontrarnos ante una marea humana formada casi en sus dos terceras partes por menores de 30 años. La conformación de la población guatemalteca sigue este patrón.

Los niños y jóvenes dominan el paisaje. Véase hacia cualquier parte; visítese cualquier ciudad o poblado; camínese por cualquier calle . . . niños y más niños, jóvenes y más jóvenes imponen su presencia ante los minoritarios adultos.

La superabundancia de niños y jóvenes ha desbordado los sistemas educativos, económicos, laborales, sanitarios. . . . Gobierno y sociedad son impotentes para proporcionar a esta mayoría poblacional educación, salud y trabajo. De tal suerte que la mayoría de nuestros niños y jóvenes están condenados a enrolarse en el futuro ejército de los menesterosos e impreparados.

El imperativo de los niños y jóvenes ha llevado a muchas organizaciones nacionales y extranjeras a diseñar y accionar programas de ayuda y promoción. De tal suerte que es importante conocer el programa que está desarrollando la Sociedad para el Desarrollo Integral de la Familia Guatemalteca —SODIFAG— con el novedoso programa de los niños y niñas trabajadores. Veamos:

Cooperativismo del niño–niña trabajador

El sistema, puesto en marcha por SODIFAG, está dirigido a los niños–niñas trabajadores de 4 a 15 años de edad. Pone énfasis en el niño trabajador de la calle que muchas veces es explotado, es mal remunerado y del cual se abusa por parte de los adultos.

Los educadores Vinicio Olivet y José Alvarado nos refieren: "Observamos a los niños en diversos lugares, como mercados y calles donde trabajan: ventas de helados, frutas, chicles, lustradores, dulces, achimería, ropa, comidas. . . . Observamos si sólo se dedican a trabajar, si trabajan y estudian y otras características. Posteriormente nos comunicamos con ellos investigando si trabajan para un patrono, si son dueños del negocio, si van a la escuela. . . . Dependiendo de lo investigado, se les invita a participar en el programa".

Nuestros informantes agregan: "Tenemos tres casas de formación en el trabajo y educación. Además, cuentan con salud preventiva, salud mental y salud curativa, alimentación e higiene personal".

Siguen indicando: "En dos de nuestras casas tenemos talleres de aprendizaje en jardinería, floristería, carpintería, tejidos típicos e imprenta. En estos talleres los niños reciben enseñanza básica acerca del oficio por parte de instructores especializados en la materia. Apoyamos al niño y niña trabajador para que por medio del trabajo cooperativo tengan oportunidad de realizar un trabajo sin explotación y mal trato, teniendo así opciones de mejorar su situación de vida, participando en su desarrollo integral. Además —agregan— el niño–niña trabajador podrá trabajar independientemente de los adultos, evitando, de esta manera, su explotación, mal trato y abusos".

Olivet y Alvarado indican: "Nosotros promocionamos al niño–niña trabajador, al que se gana la vida desde muy chico. Le enseñamos a valorar su trabajo, un trabajo tan importante como el del adulto".

¿Cómo funciona el sistema cooperativo del niño–niña trabajador? Nuestros informantes explican que "cualquier servicio o trabajo efectuado por los niños es cobrado por parte de nosotros. Estas cantidades las abonamos a sus cuentas en el sistema cooperativo, donde a su vez sale el dinero que les asignamos de salario. Les hacemos conocer a los niños el monto de los ingresos mensuales y de los gastos, lo que determina si pueden o no optar a un salario mayor. En términos generales, los niños–niñas trabajadores obtienen un salario mensual de Q85 (quetzales). Los niños han aceptado la obligación que les imponemos; por cuatro horas de trabajo deben recibir cuatro horas de estudio".

Olivet y Alvarado afirman que "no aceptamos que los niños asistan solamente a trabajar, ya que deben levantar su sistema educativo. Se trabaja con el sistema de educación personalizada comunitaria, un poco diferente a la educación primaria tradicional. Esta educación le permite su mejoramiento de vida y su participación".

Servicios que prestan los niños–niñas trabajadores

Una amplia gama de servicios proporcionan los niños–niñas trabajadores. Todos los servicios son realizados con la presencia directa del instructor, quien se encarga de formalizar la contratación del servicio y supervisar la calidad y adecuada finalización del mismo.

¿Necesita usted tarjetas de visita, invitaciones y hojas membretadas? ¿Emplasticar documentos? ¿Tortillas? ¿Tiene problemas de mensajería? ¿Mantas publicitarias? ¿Desea que le laven su auto? ¿Arreglos florales para cualquier ocasión, arreglo floral de iglesias o festejos? ¿Quiere regalar telas típicas? ¿Necesita pintar su casa u oficina? ¿Trabajos variados de carpintería?

Lo más importante del programa, a juicio de educadores y usuarios de los servicios, radica en la seriedad y profesionalismo —con las naturales limitaciones por su corta edad— de los niños y niñas trabajadores. "Debe hacerse hincapié —puntualizan los educadores Olivet y Alvarado— que en ninguna oportunidad los niños realizan un trabajo sin la compañía y supervisión de los instructores, tanto para garantía de los clientes como para evitar cualquier tipo de explotación para con los niños".

Otros servicios

Los niños trabajadores atienden una librería —librería "Solidaridad del Niño Trabajador"— donde, además de vender libros, cuadernos y folletos variados, prestan el servicio de fotocopiado de documentos. Los ingresos derivados de la librería y del fotocopiado forman parte, a su vez, del activo de la cooperativa.

En la zona 2 SODIFAG tiene la "Casa de Encuentros", destinada a retiros, reuniones, convenciones y actividades conexas, con servicio de comidas y hospedaje. Inclusive pueden proporcionar servicio de comidas a oficinas.

Se ha avanzado, pero falta publicidad

A juicio de los educadores Olivet y Alvarado "se ha avanzado bastante en la capacitación y desarrollo del programa del niño–niña trabajador. Sin embargo, topamos con el obstáculo de la falta de publicidad y conocimiento de lo que pueden hacer los niños, debido a la estrechez económica".

Argumentan los educadores: "Ya se nos han abierto las puertas de algunos medios de comunicación, aunque no de todos. Es necesario que la sociedad conozca este programa del cooperativismo del niño–niña trabajador para que les ayuden utilizando la diversidad de servicios que presta; de esta manera podremos ayudar y capacitar a muchos más niños".

"Creemos —afirman nuestros interlocutores— que nuestro programa podrá detener, en parte, la emigración hacia la capital al capacitar en sus propios lugares a los niños con su programa urbano-rural y no necesite buscar la *comodidad* de la capital y sea explotado o se encuentre con que no sabe un oficio y tenga que caer en

SEIS COMUNIDADES ESTUDIADAS: DIAGNÓSTICO ESTADÍSTICO (MAZATENANGO, ANTIGUA GUATEMALA, MIXCO, AMATITLÁN, ESCUINTLA Y CHIMALTENANGO)

Edades de los niños–niñas trabajadores

6 años	8	2.60%
7 años	13	4.22%
8 años	20	6.49%
9 años	35	11.36%
10 años	37	12.01%
11 años	46	14.94%
12 años	66	21.43%
13 años	48	15.58%
14 años	35	11.37%
TOTAL:	308	100.00%

Niños–niñas trabajadores que no saben leer ni escribir y los que sí saben

Leen y escriben	No. de niños–niñas	Porcentaje
No	161	52.27%
Sí	147	47.73%

¿A qué se dedican los menores?

Labores	No. de menores	Porcentaje
Venta de diversos productos	270	87.66%
Ofrecen sus servicios	38	12.34%

Con quiénes laboran los niños–niñas trabajadores

Laboran con	No. de niños–niñas	Porcentaje
Solos	181	58.77%
Padres	65	21.10%
Familiares	24	7.79%
Otros	24	7.79%
Hermanos	14	4.55%
TOTAL:	308	100.00%

Fuente de la encuesta: SODIFAG

la venta emergente o de lustrador. El programa llega hoy a 1.200 niños en los departamentos de Guatemala, Sacatepéquez, Chimaltenango, Escuintla, Suchitepéquez, San Marcos, Quezaltenango, Sololá".

Los niños educadores

SODIFAG ha puesto en marcha el programa de los niños educadores. El mismo consiste en que los niños ya capacitados invitan a otros niños a ingresar al programa y les coordinan y enseñan lo que a su vez han aprendido. "Creemos—afirman los educadores Olivet y Alvarado—que este programa tendrá gran éxito en el futuro, habida cuenta que los niños se abren mejor hacia otros niños. No debe perderse de vista las grandes posibilidades de este programa que, hasta la fecha, se encuentra en su fase experimental. Algunos niños han llegado a tener hasta 20 niños a su cargo. Fíjese—afirman—que estos niños van a los mercados, a las calles, hablan con los padres de familia y les presentan el programa y los beneficios que se pueden obtener, responsabilizándose de los niños que tendrán a su cargo".

□ GUILLERMO GIRÓN VALDÉS
Prensa Libre, Guatemala

ANTES DE LEER

Notas explicativas

achimería *(f)* término utilizado en América Central, con el que se designa una tienda portátil en la que se venden objetos tales como hilo, agujas, botones. El término castellano es *buhonería.*

patrono *(m)* en algunos países hispanoamericanos se utiliza la palabra *patrón*

quetzal *(m)* unidad monetaria de Guatemala

tortilla *(f)* en México y América Central, la tortilla es pan de maíz; en España y en otros países hispanoamericanos es un plato de huevos

manta publicitaria *(f)* en este contexto, es un textil de algodón o tela donde se pueden imprimir grandes letras para hacer publicidad. En este sentido, el término sólo se emplea en algunos países hispanoamericanos.

Vocabulario

patrón *(m)* modelo
poblado *(m)* pueblo, aldea
desbordar sobrepasar, exceder
de tal suerte que de manera que
menesteroso *(m)* mendigo
impreparado *(m)* sin preparación, sin educación
accionar poner en acción, llevar a cabo
chicle *(m)* goma de mascar
taller *(m)* lugar de trabajo, por ejemplo *un taller de carpintería*
tejido *(m)* tela
oficio *(m)* ocupación
abonar en este contexto, depositar
monto *(m)* cantidad
gama *(f)* variedad
hoja membretada *(f)* hoja con membrete o inscripción, por ejemplo *el membrete de un sobre,* donde se indica el nombre de una empresa y su dirección
emplasticar plastificar, cubrir un documento entre dos capas de plástico
mensajería *(f)* relativo a mensajes, *el mensajero* es la persona que lleva el mensaje

festejo *(m)* fiesta
a juicio de en opinión de
corta edad *(f)* temprana edad, joven
hacer hincapié poner énfasis
puntualizar señalar, indicar
retiro *(m)* la acción de retirarse o aislarse, por ejemplo *un retiro religioso*
conexas relacionadas
hospedaje *(m)* alojamiento
topar con encontrarse con
estrechez económica *(f)* falta de medios, escasez de dinero
capacitar preparar, adiestrar
interlocutor *(m)* el que toma parte en el diálogo
venta emergente *(f)* en este contexto, venta improvisada, generalmente ambulante
lustrador *(m)* el que tiene como oficio lustrar o limpiar zapatos; limpiabotas
a su cargo bajo su responsabilidad

El tema y tú   Al leer este artículo presta especial atención y toma breves notas de estos puntos:

a. La definición del problema que se plantea.

b. Los objetivos del programa de la Sociedad para el Desarrollo Integral de la Familia Guatemalteca (SODIFAG).

c. A quiénes beneficia específicamente este programa.

d. En qué consiste el programa.

e. Los niños educadores.

DESPUÉS DE LEER

Preguntas

1. ¿Qué motivó la puesta en marcha del programa de SODIFAG?

2. ¿Cuál es el propósito de este programa?

3. ¿A qué tipo de niños beneficia?

4. ¿Cómo funciona el sistema cooperativo?

5. ¿Cuáles son algunos de los oficios que aprenden y practican los niños y niñas trabajadores?

6. ¿En qué consiste el programa de los niños educadores?

¿Qué opinas tú?

1. ¿Qué opinas del programa de SODIFAG? ¿Qué consideras que hay de positivo o negativo en este tipo de ayuda? Intercambia opiniones con tus compañeros.

2. ¿Crees que un programa de esta naturaleza sería necesario en tu país? ¿Por qué sí/por qué no? Explica y coméntalo con tus compañeros.

3. ¿Está regulado el trabajo de menores en tu país? Si no lo sabes averígualo y coméntalo después con el resto de la clase.

Actividades de grupo

En grupos de seis o más, los estudiantes debatirán las siguientes proposiciones, pensando en la situación en su propio país:

a. Los menores no deberían realizar ningún tipo de trabajo remunerado.

b. Los menores podrán realizar sólo ciertos tipos de trabajo y bajo ciertas condiciones.

c. Los menores podrán realizar cualquier actividad remunerada y sin limitaciones de ningún tipo.

Cada proposición deberá ser defendida por uno o dos estudiantes. Una vez presentados los argumentos, miembros del grupo resumirán las principales ideas y conclusiones para el resto de la clase. Como alternativa, la clase podrá dividirse en grupos mayores, defendiendo cada grupo *una* de las proposiciones anteriores. Terminada la discusión, los distintos grupos podrán intercambiar opiniones.

Redacción

Elige dos de los temas que siguen:

1. Estás escribiendo una carta a un amigo o amiga por correspondencia y decides contarle acerca de tus primeras experiencias laborales. Cuéntale en qué trabajaste, por qué decidiste hacerlo, qué te pareció la experiencia, etcétera.

2. Durante una estancia en un país de habla española tuviste oportunidad de ver muchos niños pequeños trabajando y realizando actividades propias de adultos. Escribe una carta al periódico local expresando tu sorpresa y molestia ante esta situación que consideras injusta.

3. Resume el contenido del artículo que has leído, incluyendo al final de éste tu propia opinión sobre el tema de los niños trabajadores.

Texto 4 (Carta): No al bilingüismo
Texto 5 (Carta): El bable como lengua

De acuerdo con la Constitución española de 1978, "el castellano es la lengua oficial del Estado . . . Las demás lenguas españolas serán también oficiales en las respectivas Comunidades Autónomas de acuerdo con sus estatutos". Es así como el catalán, el gallego y el vascuence se han convertido en lenguas oficiales en las Comunidades Autónomas de Cataluña, Galicia y el País Vasco, respectivamente. El grado de bilingüismo varía en las distintas Comunidades. En Cataluña, por ejemplo, el uso del catalán se ha generalizado en todos los niveles. El primero de los artículos analiza la situación del bilingüismo en las diferentes Comunidades Autónomas. Los otros dos son cartas de lectores que hacen referencia al mismo tema.

EL BILINGÜISMO EN LAS COMUNIDADES AUTÓNOMAS ESPAÑOLAS

El artículo 3 de la Constitución, que establece el castellano como lengua oficial del Estado, declara que "las demás lenguas españolas serán también oficiales en sus respectivas Comunidades Autónomas, de acuerdo con sus estatutos". Con el tiempo, estas lenguas se están acercando a la normalización. El balance de estos años es muy irregular en cada zona, ya que el punto de partida también era muy diferente. He aquí una aproximación a la actual situación de las lenguas españolas no castellanas:

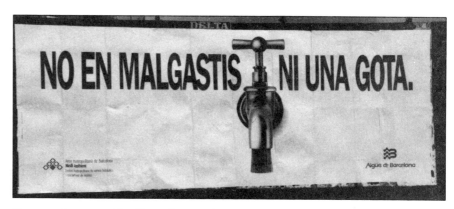

Un anuncio en catalán: No malgastes ni una gota.

Cataluña: tres cuartas partes de la población habla catalán y sólo un 4% dice no entenderlo

De acuerdo con las últimas encuestas efectuadas sobre el conocimiento de la lengua catalana, el 74% de la población de Cataluña habla el catalán, el 22% lo entiende pero no lo habla y el 4% no lo entiende. La realidad, sin embargo, no es tan sencilla como parece desprenderse de las cifras.

El uso del catalán está regulado por la Ley de Normalización Lingüística en Cataluña que, además de consolidarlo en una situación de bilingüismo, reconoce que "el catalán es la lengua propia de Cataluña" y que, debido a que catalán y castellano son lenguas oficiales por un igual, "nadie puede ser discriminado por razón de la lengua oficial que utilice".

La ley, en este sentido, establece que la utilización del catalán debe normalizarse tanto en la Administración autonómica como en la central y fomentarse en las actividades mercantiles, publicitarias, culturales, asociativas, deportivas y de cualquier otra índole. En concreto, se habla de promoción de la lengua catalana en los medios de comunicación y en los espectáculos, de fomento del libro en catalán, de rotulación pública en catalán y, entre otros aspectos, de la obligatoriedad de la presencia del catalán en todos los niveles de enseñanza.

La Generalitat, aunque con lentitud, trabaja con el fin de normalizar la lengua catalana. En este sentido, destacan, entre otras cuestiones, los cursos de catalán para adultos y funcionarios, las subvenciones a publicaciones y actividades culturales en catalán, los convenios de creación de servicios municipales de catalán, la promoción de la catalanización en las empresas públicas estatales y la intención de poner en marcha una nueva campaña de sensibilización.

La enseñanza

Uno de los aspectos fundamentales para la normalización del catalán es la enseñanza. La lengua catalana se imparte en todos los niveles no universitarios—EGB, BUP y FP—y las clases en catalán se sitúan alrededor del 65 por ciento y en progresiva evolución, pese a lo que sólo el 64 por ciento de alumnos habla el catalán, el 26 por ciento lo entiende y el 10 por ciento no lo entiende. Los maestros, por su parte, hablan el catalán en un 68 por ciento, lo entienden pero no lo hablan en un 25 por ciento y no lo entiende el 7 por ciento.

□ JOSEP GISBERT

Sólo una de cada cuatro personas del País Vasco conoce el euskera

El reconocimiento del euskera como lengua oficial en la comunidad autónoma vasca quedó establecido legalmente con la aprobación de la ley de normalización del euskera en el Parlamento vasco.

Sin embargo, aún no puede hablarse en absoluto de uso generalizado de esta lengua, ya que sólo uno de cada cuatro habitantes del País Vasco la conoce.

El carácter claramente minoritario de los vascoparlantes se debe, entre otras razones, a una serie de circunstancias políticas que marginaron el idioma más antiguo de los que se hablan actualmente en España.

Se observa una diferencia generacional muy notable en cuanto a su utilización. Por ejemplo, entre los habitantes de las zonas tradicionalmente vascoparlantes, las personas mayores de 60 años hablan mejor el

euskera que el castellano; las comprendidas entre los 40 y los 60, utilizan el castellano tan bien como el euskera; los que están entre los 20 y los 40 años, mejor el castellano que el euskera y los menores de 20 años saben castellano y entienden, pero no hablan el euskera.

De todas formas, en las dos últimas décadas, la lengua vasca ha alcanzado cotas impensables de utilización hace aún pocos años. "En los últimos 20 años—se decía recientemente en unas jornadas sobre plurilingüismo organizadas por la Sociedad Vascongada de Amigos del País—han aparecido más publicaciones en euskera que en todo el período anterior".

El aprendizaje del euskera conoció un despegue espectacular en los años 70, cuando nacieron las primeras ikastolas, gracias a la iniciativa privada, y a los "euskalsteguis", o centros de reeuskaldización de adultos. Tras la batalla librada para la unificación de la lengua vasca, que presenta ostensibles variedades idiomáticas en los distintos territorios de la comunidad autónoma, de cara a la enseñanza reglada, la elaboración de material escolar, etcétera, hoy se trata de resolver la estructuración de la escuela pública vasca, en cuyo modelo no coinciden las diversas ideologías políticas que coexisten en Euskadi. En cualquier caso, hay que tener presente que la normalización del euskera ha tenido en los últimos años un componente que no ha existido en otras comunidades autónomas con idioma autóctono, como es la politización de su uso y conocimiento, provocada por los partidos nacionalistas que han hecho bandera de la lengua frente a las fuerzas no nacionalistas que, pese a potenciar su aprendizaje y protección, no coinciden con la estrategia de imposición que en algunos casos se ha producido.

Resurgir literario

Existe, evidentemente, un resurgir literario en euskera, a pesar de no alcanzarse los niveles de producción de otras lenguas minoritarias españolas. La mejora se considera muy significativa, teniendo en cuenta que el euskera se ha desarrollado durante siglos en un medio rural y en ambientes religiosos sin tradición literaria, espacios de los que ahora ha remontado para incorporarse a ambientes académicos y universitarios.

Otro dato fundamental en la recuperación del euskera ha sido el acceso de la lengua a los medios de comunicación social. La influencia de la radio y televisión vasca, con el uso prácticamente exclusivo de la lengua autóctona en su programación, está desempeñando un papel importante en cuanto a la potenciación de los hábitos sociales de relación.

Hasta hace muy poco, el aprendizaje del euskera se limitaba a asegurar el conocimiento, pero quedaba la reticencia a utilizarlo oralmente por temor a no efectuarlo con corrección. No es infrecuente el caso de padres euskaldunes cuyos hijos han aprendido el idioma en la escuela, pero que en sus relaciones familiares siguen manteniendo el castellano. Esta voluntad de introducir el euskera en las relaciones familiares y sociales es una de las preocupaciones que manifiestan los euskerólogos.

□ GUILLERMINA RODRIGO

El gallego es utilizado por el 80% de los habitantes, pero su uso en la enseñanza es irregular

El artículo 5 del Estatuto establece que la lengua propia de Galicia es el gallego y que los dos idiomas, gallego y castellano, son oficiales.

De acuerdo con la Ley de Normalización Lingüística, aprobada por el Parlamento autónomo por unanimidad en junio de 1983, en la enseñanza básica y media de los centros de educación en Galicia, se imparten clases de gallego como una asignatura más, pero son escasos los profesores que lo emplean para explicar otras materias. La Dirección General de Política Lingüística mantiene que se emplea el mismo número de horas para el gallego y el castellano en la enseñanza no universitaria, mientras que su uso en la Universidad es muy irregular.

La circunstancia de que en Galicia conozca el idioma el 90 por ciento de la población y lo hable el 80 por ciento, no elimina el rechazo de algunas familias o sectores de la sociedad cara a una lengua que consideran muerta o, cuando menos, con escaso futuro.

□ AUREA SÁNCHEZ
La Vanguardia,
Barcelona, España

Cartas al director

No al bilingüismo

Soy valenciano de habla catalana; mi ciudad, Gandía, nunca ha sido una ciudad bilingüe en la práctica. Siempre hemos utilizado el valenciano como vehículo normal de expresión en la calle, en casa. Campañas orquestadas desde hace años y desde todas las instituciones del Estado, en las que, de hecho, se da un trato preferencial al que habla español, han intentado imponer el castellano en las escuelas y en la Universidad, y lo están consiguiendo.

Se ha hecho creer al pueblo valenciano que su lengua es un vestigio del pasado y se le ha mantenido en el analfabetismo respecto de su lengua y de su historia.

Se ve asediado con razonamientos del tipo: "No hable valenciano, no tiene ningún futuro, es un atraso; si queremos ser europeos, hay que hablar en castellano".

En los últimos años, y como consecuencia de lo que he expuesto, un fuerte proceso de sustitución de nuestra lengua por la castellana amenaza nuestros derechos como minoría lingüística. Desprovistos de medios que aseguren la supervivencia de nuestro idioma tales como Prensa, televisión, enseñanza en valenciano, se está cavando la tumba para los catalanohablantes. Y el bilingüismo, como lo entienden aquí, en la práctica sirve para que un valenciano hablante hable en castellano, cuando le preguntan en castellano, pero no para que un castellano hablante hable en catalán en la misma situación.

Ximo Signes i Vayá
Gandía, Valencia
El País, Madrid, España

El bable como lengua

En Asturias existe un problema lingüístico que parece que muchos quieren soslayar; creen algunos que una *llingua* (lengua) es la solución a las muchas formas de hablar (hablas romances) que hay en nuestra región.

Ocurre que hay zonas de Asturias donde las formas de hablar, hablas, tienen más similitud con el gallego que con, por ejemplo, el bable central.

No se puede pretender que la gente, de la noche a la mañana, comience a hablar un bable de laboratorio creado para, aparentemente, subsanar las diferencias lingüísticas; tales son de notable importancia y carácter, por lo que creo que deben respetar esas hablas (lenguas).

Estoy en contra de un bable que carece de realidad social, abogo por la defensa de cada una de las hablas que, aunque habladas por reductos, considero de gran interés.

No hay una lengua común a todo el territorio asturiano y me parece una locura implantar una lengua artificial.

José Rogelio Prieto Caldas
Oviedo, Asturias
El País, Madrid, España

ANTES DE LEER

Notas explicativas

"El bilingüismo en las comunidades autónomas"

Generalitat *(f)* Parlamento catalán
EGB Educación General Básica, o educación primaria
BUP Bachillerato Unificado Polivalente, o educación secundaria
FP Formación Profesional o técnica
euskera *(m)* término vasco usado para designar a la lengua vasca o vascuence
ikastola *(f)* término vasco para designar una escuela, en este caso una institución donde se enseña la lengua vasca
reeuskaldización *(f)* relativo a la enseñanza del vascuence o euskera
Euskadi término vascuence con que se conoce al País Vasco
euskaldunes vascos
euskerólogo persona que se dedica al estudio del euskera o lengua vasca

"El bable como lengua"

bable *(m)* dialecto hablado en Asturias

Vocabulario

"El bilingüismo . . ."

desprenderse deducirse, inferirse
fomentarse promoverse
mercantil comercial
índole *(f)* tipo, clase
rotulación *(f)* cartel, letrero, anuncio público
destacar poner énfasis, subrayar
subvención *(f)* ayuda en dinero que se da a una institución
vascoparlante persona de habla vasca
marginar dejar de lado

cota *(f)* nivel
despegue *(m)* en este contexto, auge, resurgimiento
de cara a frente a
autóctono nativo

hacer bandera utilizar algo por motivos patrióticos
reglada formal, reglamentada
remontar en este contexto, salir
rechazo no aceptación

"No al bilingüismo"

orquestadas organizadas
analfabetismo *(m)* dice relación con el no saber leer ni escribir
asediado importunado, molestado
atraso *(m)* en este contexto, algo del pasado

desprovisto relativo a la falta o carencia de algo
cavar la tumba en sentido figurado, dar muerte, acabar con algo

"El bable como lengua"

soslayar no prestar atención
habla *(m)* lengua
subsanar dar solución
abogar por estar a favor de

reducto *(m)* en este contexto, una minoría
implantar imponer

El tema y tú

1. Aparte de España, ¿conoces otros países donde se hable más de una lengua? ¿Qué sabes sobre la situación lingüística en esos países?

2. ¿Hay grupos minoritarios o de inmigrantes en tu país, que utilicen normalmente su propia lengua además de la oficial? ¿Cuál es la actitud oficial y de la comunidad mayoritaria frente al uso de lenguas minoritarias? ¿Se emplean estas lenguas en las escuelas? De ser así, ¿estás de acuerdo con esto? Explica tu postura y coméntala con tus compañeros.

Lee ahora los artículos para conocer más sobre la situación lingüística en España.

DESPUÉS DE LEER

Preguntas

1. ¿Con qué otro nombre se conoce el idioma español?

2. ¿Qué otras lenguas existen en España, aparte del español? ¿Dónde se hablan?

3. ¿Qué importancia relativa tienen las distintas lenguas en las Comunidades Autónomas donde se hablan?

4. ¿De qué se queja el lector que escribió la carta "No al bilingüismo"?

5. ¿Qué opina el lector que escribió la carta "El bable como lengua", con respecto a la enseñanza de ésta?

¿Qué opinas tú?

Como extranjero/a, ¿qué dificultades podrías tener en un país donde exista y se emplee más de una lengua con carácter oficial? Considera el caso de España, por ejemplo.

Actividades de grupo

En grupos de cinco o seis se analizarán los aspectos positivos y negativos que tiene el promover en un mismo país el uso de otra lengua que no sea la que habla la mayoría de la población. Los estudiantes se dividirán para defender o rechazar el empleo de lenguas minoritarias. Miembros de cada grupo resumirán los argumentos y conclusiones para el resto de la clase.

Redacción

Escribe un artículo sobre uno de estos temas:

a. "La importancia del inglés en el mundo".

b. "La necesidad de una lengua internacional".

c. "La importancia del español como lengua internacional".

El mal manejo del lenguaje en los jóvenes viene preocupando desde hace algún tiempo a los educadores. La pobreza de vocabulario y la incapacidad para comunicarse correctamente son algunos de los problemas mencionados. El artículo hace referencia específicamente a la juventud venezolana, pero el problema tiene una dimensión mucho más amplia. Los medios de comunicación, en especial la radio y la televisión, parecen tener una buena cuota de responsabilidad y culpa frente a la deformación del lenguaje.

EL LENGUAJE ESTUDIANTIL

Desde hace unos cuantos años se viene observando un deterioro en el manejo del lenguaje que viene preocupando a lingüistas, profesores, maestros y a interesados en el tema en general.

Esta tendencia de los jóvenes, sin distingos de clases, de expresarse utilizando un vocabulario escatológico, lleno de giros y modismos que van surgiendo a diario, demuestra una pobreza de vocabulario tal, que trae como consecuencia una incapacidad para comunicarse con fluidez.

Para Eléxida de Colonna, profesora de Castellano y Literatura, el estudiante venezolano cada día tiene un lenguaje más pobre e insuficiente para poder expresarse en un momento determinado.

"Una de las causas de la no utilización de nuestra lengua con todos los matices que tiene—refiere la profesora con más de 15 años en la docencia—es el poco hábito de la lectura. El estudiante se limita muchas veces a la lectura que podríamos llamar subliteratura (por la sintaxis y el vocabulario empleado) y no le entusiasma la lectura de los buenos libros por la profundidad de los términos usados y porque eso se traduce en tener que pensar y organizar las ideas. En fin, nuestros muchachos no desean ser los lectores cómplices que la buena literatura necesita para la comprensión del mensaje".

En este sentido, Pedro La Cruz,

Hay que impulsar y desarrollar el hábito de la lectura, incluyendo la prensa.

profesor de Castellano y Literatura, destaca que nuestra educación debe impulsar y desarrollar el hábito de la lectura no sólo de obras literarias sino también del ensayo crítico y prensa escrita. "Es necesario propiciar en el aula—refiere La Cruz—la discusión dirigida, el debate y el foro, cuidando no sólo del contenido del tema, sino también la calidad del lenguaje utilizado".

Desde hace años se habla de crisis educativa y este problema del lenguaje estudiantil es un elemento más

de ese problema o en todo caso, un reflejo de esa crisis. El castellano, que hace unas décadas fue considerada una de las materias más fáciles y la que menos porcentaje de alumnos aplazados presentaba, hoy día viene a ocupar uno de los primeros lugares pareja con matemáticas.

Preguntada Eléxida de Colonna sobre el rendimiento de los alumnos en esta materia en comparación con años anteriores, señaló que ciertamente era una realidad que no puede ocultarse.

"Por supuesto que año tras año ha desmejorado el rendimiento de los alumnos en esta materia, a pesar de que los profesores hemos bajado un poco el nivel de exigencia, puesto que con la Escuela Básica ya no se le pide tanto al alumno el aprendizaje de la gramática, como era habitual hace muchos años. Ahora se hace más hincapié en las cuatro áreas del lenguaje: hablar, escuchar, leer y escribir. Aquí es cuando comprobamos que el alumno, cuando se le presenta un tema determinado para discutir en clase, no sabe cómo expresarse, balbucea, emplea muletillas y todo esto porque tiene dificultades para usar los términos correctamente. En la lectura, otro tanto, no entiende un 80 por ciento de las palabras que lee y al escribir sólo conoce el mínimo de nuestro léxico".

¿Generación audiovisual?

Hemos llegado de manera categórica a una época donde lo audiovisual se ha impuesto. Nada tendría de raro que cualquier estudioso de la sociedad venezolana y hechos sociales, califique esta etapa como la audiovisual.

¿Qué nos brindan los medios audiovisuales hoy día? Indiscutiblemente, el estudiante y el pueblo en general recibe un bombardeo diario del castellano chabacano y mal hablado a través de la mayoría de las estaciones de radio y buena parte de la programación nacional de la televisión.

Destaca Eléxida de Colonna que la mayoría de los profesores de castellano viven en una batalla constante: "la lucha nuestra contra todo lo que indica televisión, radio, cine, etc., es fuerte. Mientras nosotros les decimos cómo emplear ciertas palabras, todo ese ambiente les dice a gritos otra cosa. Es una voz en contra de muchas e insinuantes voces que a través del oído y la vista perforan la mente del estudiante para deformar el lenguaje, especialmente esos programas que suelen llamarse humorísticos".

Proponer es fácil

Según Pedro La Cruz, la enseñanza de la asignatura de Castellano y Literatura es un factor importante para enfrentar el problema, aunque considera que gran parte se pierde por las características del medio en que vivimos.

"Hasta ahora no tengo conocimiento de alguna medida que el gobierno haya tomado en relación al mal uso del idioma en la radio o en la televisión. Hasta el presente no conozco que exista un programa educativo de radio o televisión que se refiera en forma práctica al buen uso del idioma. En el plano educativo, se gasta más tiempo en evaluaciones que en la enseñanza de conocimientos útiles. El conocimiento y uso correcto del idioma es algo necesario para el joven, porque le facilita la comprensión del mundo que lo rodea y el dominio del conocimiento de cualquier ciencia".

□ Esperanza Urdaneta
Revista *Elite*, Venezuela

ANTES DE LEER

Notas explicativas

Escuela Básica *(f)* escuela primaria
distingo *(m)* en Venezuela y otros países hispanoamericanos, este término se usa con el significado de *diferencia*
aplazados en Venezuela, *alumnos aplazados*, estudiantes que no han aprobado una asignatura
pareja en este contexto, junto con

Vocabulario

escatológico relativo a la escatología, cuyo sentido en este contexto es de *espantoso, terrible*
giro *(m)* expresión
fluidez *(f)* en este contexto, soltura o facilidad
matices *(m)* singular: *matiz*; diferencias
docencia *(f)* enseñanza
propiciar proponer
aula *(f)* sala de clase
foro *(m)* mesa redonda, debate
rendimiento *(m)* en este contexto, el grado de aprendizaje
hacer hincapié poner énfasis
balbucear hablar con dificultad
muletilla *(f)* palabra o frase que una persona repite constantemente en una conversación
otro tanto igual cosa, lo mismo
brindar entregar, dar
chabacano de mal gusto, grosero
decir a gritos en este contexto, insistir sobre algo
insinuante que insinúa, que envía un mensaje de manera indirecta
arraigarse echar raíces, asentarse

1. Considera la forma en que usas tu propio idioma. ¿Crees que lo haces correctamente? Haz una lista de lo que consideras incorrecciones en el manejo del lenguaje.

2. Considera la forma en que aquéllos que te rodean —tu familia, tus compañeros, tus propios profesores— emplean la lengua materna. ¿Observas diferencias en el uso del lenguaje entre un grupo y otro? ¿Qué diferencias? En términos generales, ¿qué incorrecciones puedes observar con más frecuencia? Haz una lista de las principales.

Lee ahora lo que dice el artículo con respecto al uso del castellano por parte de la juventud venezolana.

DESPUÉS DE LEER

Preguntas

1. ¿Qué opinión se expresa en el artículo con respecto al uso del castellano por parte de los jóvenes venezolanos?

2. ¿Cuáles son los hábitos de lectura de los estudiantes venezolanos?

3. Según el artículo, ¿qué papel juegan los medios audiovisuales en la adquisición de hábitos lingüísticos? ¿Qué problema se plantea específicamente con respecto a la radio y televisión venezolanas?

4. ¿Qué soluciones se plantean a través del artículo para mejorar el empleo del lenguaje?

¿Qué opinas tú?

1. ¿Consideras importante que una persona se exprese con corrección en su propio idioma, ya sea oralmente o por escrito? ¿Por qué?

2. Imagina que tienes que entrevistar a una persona que ha solicitado un puesto en el lugar donde trabajas. ¿Considerarías su forma de expresarse como un factor importante al decidir si contratarla o no? Explica.

3. Observa la forma en que te expresas ante diferentes personas o grupos de personas y en distintas situaciones. ¿Qué diferencias en el uso del lenguaje puedes observar? ¿Crees que una forma de expresión sea más correcta que la otra? Explica y da ejemplos e intercambia opiniones con el resto de la clase.

Actividades de grupo

En grupos de tres o cuatro los estudiantes considerarán, de manera general:

a. La calidad de su expresión oral y escrita en la lengua materna. ¿La consideran apropiada, deficiente, con ciertas deficiencias?

b. ¿Qué factores pueden influir en la formación de hábitos de expresión? Hay que tomar en cuenta, entre otros factores: el medio ambiente social y el hogar en particular, la escuela, los medios de comunicación, la calidad de la lectura. Se analizará cada uno de estos factores separadamente, dando ejemplos cuando sea posible.

c. ¿Qué soluciones puede haber para mejorar la capacidad de expresión oral y escrita? Se analizará el papel que pueden jugar las personas, las instituciones y los medios de comunicación.

Terminado el análisis uno o dos miembros del grupo presentará un informe oral al resto de la clase.

Redacción

Con los antecedentes que ya tienes, haz un estudio del lenguaje empleado en algunos de los programas de la televisión nacional y/o local y en algunas estaciones de radio. Escribe un artículo con tus observaciones.

El aumento en el precio de las matrículas en la Universidad de Puerto Rico ha sido rechazado por un sector de los estudiantes universitarios. A fin de impedir que las autoridades apliquen el aumento, algunas organizaciones estudiantiles han anunciado ciertas medidas de presión.

¡EL AUMENTO NO VA!

El Consejo General de Estudiantes del Recinto de Río Piedras y la Federación de Universitarios Pro Independencia (FUPI), en unión a representantes de casi todos los consejos y organizaciones estudiantiles de la Universidad de Puerto Rico (UPR), reafirmaron su oposición al decretado aumento en los costos por crédito de las matrículas del único centro de educación superior del pueblo puertorriqueño y no descartaron la realización de una huelga a nivel nacional.

En una conferencia de prensa celebrada luego de la oficialización del aumento en las matrículas, Hiram Guadalupe, presidente de la FUPI, indicó que los planes para realizar un boicot al proceso de matrículas continúan. "La UPR necesita del pago de los estudiantes para poder funcionar, si querían más dinero ahora no tendrán ninguno. Aparte de una huelga, ésta también sería una manera de paralizar la Universidad", dijo Guadalupe.

El liderato estudiantil exhortará a los estudiantes a que realicen todo el proceso de selección de cursos e inscripción en los mismos, pero que no hagan pago alguno por los mismos. De esta forma, los estudiantes quedarán inmediatamente inscritos en los cursos que escojan y no correrán ningún riesgo de quedarse sin estudiar este próximo semestre académico.

Por su parte, Raúl Hernández, presidente del CGE de Río Piedras, cali-

Un tercio de los estudiantes manifiesta trabajar por razones económicas.

ficó de "irresponsable", la afirmación que el presidente de la UPR, José M. Saldaña, y el presidente del Consejo de Educación Superior, Rafael Padró Yumet, hicieran con respecto a que el aumento no afectaría a ningún estudiante calificado como de bajos ingresos.

"Garantizarle al estudiante de bajos ingresos que este aumento no le afectará no es más que otra acción irresponsable de esta administración universitaria que no tiene control alguno sobre los recortes que puedan sufrir los programas de becas o ayudas federales, programas que en los últimos tres a cuatro años han disminuido en más de un 12%", denunció Hernández.

Los líderes estudiantiles expresaron que "una de las prioridades durante este verano será orientar a los estudiantes de nuevo ingreso, que no están muy al tanto de la problemática universitaria, para que se unan a nuestra lucha".

Hernández recalcó que ya los estudiantes dieron un mandato claro al CGE, tanto en el Recinto de Río Piedras como en todas las demás unidades del sistema, por lo que de celebrarse alguna asamblea general en el próximo semestre, ésta sería puramente informativa. "Ya los estudiantes de todo el sistema aprobaron un voto de huelga y un boicot para el próximo semestre y ambos serán implantados de ser necesario", agregó Hernández.

Estudiantes unidos todos

Por primera vez en mucho tiempo, los estudiantes del Recinto de Río Piedras no están solos en sus reclamos ante la administración universitaria. Recintos como Ciencias Médicas, Humacao y Mayagüez han asumido un rol activo en la lucha que los estudiantes han estado librando en contra de un aumento en las matrículas.

Fue en los colegios regionales donde primero se realizaron paros y donde por primera vez el voto de huelga fue aprobado. Recintos como el de Ciencias Médicas, que nunca se habían caracterizado por su activismo en las luchas estudiantiles, actualmente se encuentran en una posición militante y combativa.

En ocasiones anteriores, los estudiantes de todas las unidades habían anunciado la creación de un frente común en contra del alza de las matrículas y es ahora con la oficialización del aumento que este frente ha tomado fuerza. "Los estudiantes se preparan para juntos hacer frente a esta administración universitaria que pretende violar nuestro derecho a recibir una educación universitaria de calidad", expresó Hiram Guadalupe.

☐ Rosalía Ortiz Luquis
Claridad, Puerto Rico

ANTES DE LEER

Notas explicativas

Consejo General de Estudiantes *(m)* organización que representa a los estudiantes universitarios

Federación de Universitarios Pro Independencia *(f)* organización estudiantil que apoya la independencia de Puerto Rico

Vocabulario

recinto *(m)* sede
decretado ordenado, mandado
matrícula *(f)* pago que deben realizar los estudiantes al iniciarse el período académico
descartar excluir
huelga *(f)* abandono voluntario de las actividades, utilizado como señal de protesta
liderato *(m)* líderes
inscripción *(f)* matrícula
de bajos ingresos sin muchos medios económicos

recorte *(m)* reducción
estar al tanto conocer
recalcar hacer hincapié, poner énfasis
mandato *(m)* orden
implantar en este contexto, llevar a cabo, realizar
librar una lucha luchar
paro *(m)* en este contexto, *huelga*. En España, la misma palabra se utiliza con el significado de *desempleo*.
alza *(f/el)* subida, aumento

El tema y tú

Al leer el artículo toma notas de los puntos principales:

a. Lo que los estudiantes reclaman.

b. Las medidas de presión que anuncian.

c. Apoyo con que cuentan.

DESPUÉS DE LEER

Preguntas

1. ¿Cuál ha sido la reacción de los estudiantes frente al aumento de las matrículas?
2. ¿Qué medidas concretas han decidido tomar?
3. ¿Con qué apoyo cuentan?

¿Qué opinas tú?

La situación que se relata en el artículo, ¿sucede o podría haber sucedido en tu país? Explica y coméntalo con tus compañeros.

Actividades de grupo

1. En un grupo de tres o cuatro, expresa tus opiniones con respecto a las medidas de presión tomadas por los estudiantes puertorriqueños. Considera, por ejemplo:

   a. ¿Te parece correcta la reacción de "boicotear" el pago de matrícula? ¿Por qué?

   b. ¿Cómo crees que reaccionaron las autoridades frente al boicot?

   c. ¿Podría haberse llegado a otras soluciones para evitar el enfrentamiento? ¿Cuáles, por ejemplo?

2. En la mayoría de los países de habla hispana son los padres los que pagan los estudios de los hijos que van a la universidad. El sistema de becas está muy poco extendido y es inusual que los estudiantes trabajen para pagar sus estudios. En un grupo de tres o cuatro, expresa tus opiniones con respecto al tema. Por ejemplo:

   a. ¿Te parece justo que sean los padres los que paguen los estudios de los hijos? ¿Por qué?

   b. ¿Se da a menudo este tipo de situación en tu país? Explica.

   c. ¿Qué opinas sobre el sistema de becas estudiantiles? ¿Créditos o préstamos universitarios? ¿Son éstos la solución? Explica en términos generales y con respecto a tu país.

   d. ¿Es conveniente y justo que los estudiantes trabajen para que paguen sus estudios? ¿Qué ventajas y desventajas puede tener esto?

Miembros del grupo resumirán las principales ideas y argumentos para el resto de la clase. El tema se podrá debatir entonces con la participación de todos los alumnos.

Redacción

Un amigo o amiga de habla española te ha escrito una carta contándote que pronto empezará sus estudios en la universidad. Sus estudios los pagarán sus padres, quienes le darán también dinero para sus gastos personales. Responde a la carta, felicítale y cuéntale cómo suelen costear sus estudios los estudiantes en tu país. Explica tu propia situación o la de otros jóvenes que conozcas.

MEDIO AMBIENTE

El artículo que leerás a continuación trata de la extinción de la foca del Caribe en el Golfo de México. La explotación descontrolada de esta especie con fines industriales en el siglo XVII y, más tarde, su captura por parte de los propios pescadores de la región, contribuyeron a su exterminio.

Los pescadores la extinguieron

LA FOCA DEL CARIBE YA NO EXISTE

Cancún, Q. R. — La esperanza de ecologistas y científicos de que algún ejemplar de la foca monje del Caribe viviera aún en las islas y cayos de este mar color turquesa se ha desvanecido. Los investigadores entrevistados coincidieron en señalar que la *Monachus tropicalis* ha desaparecido para siempre de la Tierra.

La foca monje del Caribe, única especie de foca tropical de América, era muy semejante a las del Antártico, aunque con diferente coloración, según la descripción que hace Juan José Morales en uno de sus detallados estudios. Tenía la cabeza redonda, ojos grandes y saltones, muy separados entre sí, y bigotes cortos. Los machos pesaban hasta 400 kilogramos y medían 3 metros de longitud. Su alimentación estaba basada en el consumo de peces y moluscos. Se apareaban a mar abierto y, al nacer, el cachorro medía aproximadamente un metro, alcanzando su madurez sexual a los 3 años. Su vida promedio era de 14.

Existen otras 2 especies de foca monje: la *Monachus monachus,* que habita en las aguas del Mediterráneo, y la *Monachus escavislandi,* que vive en los atolones de Hawai. Ambas están en peligro de extinción.

El exterminio de la foca caribeña comenzó poco después que los conquistadores pisaron tierra americana, pues su piel y aceite eran altamente apreciados. En el siglo XVII, la in-dustria aceitera basada en la explotación de la foca monje era la más próspera en las costas de Campeche y Yucatán.

Llegaban a matar hasta 200 animales en una sola noche. Su exterminio fue tan acelerado que a finales del siglo XIX sólo se le podía ver en islas remotas; en las costas ya había desaparecido.

En el siglo XX la industria aceitera declinó, pero los pescadores continuaron matando focas para evitar que se introdujeran en sus redes de captura de pescado.

Otrora abundante en el Golfo de México, desde las costas de Veracruz hasta Yucatán; y en el Caribe, desde las Bahamas hasta las costas de Quintana Roo, Centroamérica y las Antillas, la foca monje del Caribe fue vista por última vez en 1952. Desde entonces han pasado 40 años, y nadie ha vuelto a ver un ejemplar.

☐ José Segoviano Martínez
Revista *Época,* México

Otra especie ya extinta: la foca del Caribe.

ANTES DE LEER

Notas explicativas

Monachus tropicalis nombre científico de la foca monje del Caribe

Vocabulario

foca *(f)* mamífero de cuerpo en forma de pez, cabeza y cuello como de perro, cuerpo cubierto de pelo gris y extremidades a modo de aletas

cayo *(m)* isleta baja y arenosa

turquesa de color azul verdoso

desvanecido desaparecido, esfumado

coloración *(f)* color

saltones protuberantes

se apareaban se juntaban las hembras con los machos para procrear

cachorro *(m)* animal recién nacido

atolón *(m)* isla de coral

aceitera relativo al aceite

otrora antiguamente

El tema y tú

1. ¿Sabes de algún animal que se haya extinguido en tu país a causa de la explotación descontrolada por parte del hombre? Cita uno o más ejemplos e indica las razones que llevaron a su extinción. Si no lo sabes, averígualo en la biblioteca o con personas o instituciones que se interesen sobre el tema. En tu comunidad puede haber algún organismo dedicado a la defensa de los animales. Comenta lo que hayas averiguado con los otros estudiantes.

2. ¿Existen especies animales protegidas en tu país? ¿Cuáles, por ejemplo? Busca información sobre estas especies: su hábitat, su comportamiento, las razones que llevaron a declararlas especies protegidas, etcétera. Comenta lo que hayas averiguado con los otros estudiantes.

Lee ahora este artículo a través del cual te enterarás sobre lo ocurrido a la foca del Caribe.

DESPUÉS DE LEER

Preguntas

1. ¿Cómo era la foca monje del Caribe?
2. ¿De qué se alimentaba?
3. ¿Cuánto vivía aproximadamente esta especie?
4. ¿Cómo ocurrió el exterminio de la foca del Caribe?

¿Qué opinas tú?

¿Crees que la extinción de ciertas especies animales, como la foca del Caribe por ejemplo, es inevitable? ¿Por qué?

Actividades de grupo

1. En pequeños grupos, los alumnos comentarán acerca de las medidas y sanciones que podrían aplicar los gobiernos para proteger las especies animales en peligro de extinción. Se hará una lista de las posibles medidas y sanciones que propongan los miembros del grupo y se analizará cada una de ellas considerando, entre otras cosas, su grado de factibilidad.

2. Integrantes de los distintos grupos presentarán las distintas propuestas al resto de la clase, lo que podrá conducir a una discusión general sobre el tema.

Redacción

Escribe un artículo en defensa de la conservación de las especies animales.

En forma un tanto fatalista, quizás, pero no por ello menos preocupante, el artículo pronostica una verdadera catástrofe ecológica para las primeras décadas del nuevo siglo, debido al creciente grado de contaminación ambiental. Las consecuencias para la humanidad serán desastrosas.

HAMBRE Y PESTES DENTRO DE 40 AÑOS

Una catástrofe ecológica capaz de convertir las tierras fértiles en desiertos y multiplicar el cáncer se producirá en los primeros años del siglo veintiuno.

Dentro de poco más de cuarenta años, el mapa de España y de la mayoría de los países ribereños del mundo habrá cambiado y será necesario confeccionar nuevas cartografías.

El nivel del mar para ese entonces habrá aumentado en un metro y medio, invadiendo las tierras costeras y dibujando un nuevo perímetro de un territorio empequeñecido.

Cada vez que un ciudadano enciende el motor de su vehículo o se echa desodorante en aerosol en las axilas contribuye a acelerar este proceso. La razón es sencilla: tanto el dióxido de carbono producido por la combustión del motor o la liberación del gas propelente del desodorante y otros productos que se venden en aerosol destruyen el ozono de la atmósfera que protege al planeta Tierra de los rayos ultravioletas del sol. Al mismo tiempo, la capa de gases producidos y liberados por el hombre crean el llamado "efecto invernadero": una parte del calor solar queda retenido en la corteza terrestre, sin poder retornar al espacio, del mismo modo que los cristales de un invernadero conservan la temperatura dentro de él.

La contaminación, la ignorancia y la pobreza: ¿son la peste del futuro?

El resultado en ambos casos es un incremento considerable de la temperatura media de la Tierra, capaz de derretir grandes masas heladas de los polos que, en forma líquida, incrementarán el nivel de los mares.

Pero este efecto espectacular es el menos dañino de todos.

Los rayos ultravioletas aumentarán considerablemente los casos de cáncer de piel en los seres humanos y provocarán, junto con el calor, daños ecológicos inconmensurables.

Para empezar, según evidencias presentadas la semana pasada a un comité del Senado norteamericano por el *Goddard Space Flight Center's Institute for Space Studies,* la agricultura norteamericana—y de otros muchos países del mundo—será devastada, con el obvio resultado de aumento del hambre y las urgentes necesidades alimenticias de la población mundial, que hacia el año 2030 será el doble de la actual.

Aunque esto se preveía ya, el informe al Senado tiene la novedad de que, según los estudios del *Goddard Institute,* dirigidos por el doctor James Hensen, los efectos nocivos se producirán mucho antes de lo que se creía. Hace tres años, un informe de la Academia Nacional de Ciencias de Estados Unidos afirmaba que el efecto invernadero era "una causa de preocupación", pero concluía que había tiempo para que la humanidad se preparara a fin de enfrentar este peligro.

Pero era ésta una visión optimista del problema: no hay tanto tiempo. La razón para este adelanto de la catástrofe es que no solamente el dióxido de carbono está contaminando la atmósfera, sino también otros gases, como el metano y los clorofluorocarbonos (propelentes habituales de los aerosoles).

Según los cálculos de los científicos, la temperatura media de la Tierra ascenderá alrededor de medio grado centígrado en la próxima década, y entre dos y cuatro grados en la década siguiente. Hacia el año 2030, el calor se incrementará entre tres y ocho grados.

Estas alteraciones serán suficientes—dijeron científicos que testificaron ante el subcomité del Senado norteamericano—para convertir en desiertos estériles las ricas tierras que hoy se dedican a la producción de alimentos y fibras textiles en el mundo.

□ Revista *Cambio 16*, España

ANTES DE LEER

Notas explicativas

países ribereños *(m/pl)* el texto se refiere a los países que, como España, tienen zonas costeras

Senado *(m)* aquí se refiere al Senado de Estados Unidos

Vocabulario

cartografía *(f)* arte de trazar mapas geográficos, en este contexto, mapa
costero relativo a la costa
empequeñecido que se ha hecho más pequeño, más reducido
axila *(f)* (anatomía) cavidad que se encuentra debajo del hombro, entre el tórax y el extremo superior del brazo
efecto invernadero *(m)* recalentamiento del planeta debido al aumento del anhídrido carbónico en la atmósfera

corteza terrestre *(f)* parte exterior de la Tierra
invernadero *(m)* lugar cerrado donde se cultivan plantas
derretir transformar en líquido una cosa sólida
dañino que hace daño
inconmensurable en este contexto, considerable
nocivo dañino, que causa daño o perjuicio

El tema y tú

1. ¿Crees que en tu país existe suficiente conciencia sobre problemas ambientales? ¿Cuáles, por ejemplo?

2. ¿Sabes qué efecto pueden causar en la atmósfera la excesiva concentración vehicular y el uso indiscriminado de aerosoles?

El artículo que leerás ahora te dará más información sobre este problema.

DESPUÉS DE LEER

Preguntas

1. ¿Qué predicción importante se hace en el artículo con respecto del futuro de la Tierra?
2. ¿Qué efectos tienen en la atmósfera el dióxido de carbono y los gases provenientes de aerosoles?
3. El artículo dice que habrá un aumento de casos de cáncer de piel. ¿Por qué razón?
4. ¿Qué predicciones se hacen con relación a la temperatura media de la Tierra? ¿Qué efectos tendrán los cambios de temperatura en las actuales tierras cultivables?

¿Qué opinas tú?

1. ¿Crees que tu gobierno local o nacional hace lo suficiente para conservar el medio ambiente y evitar el mayor deterioro del sistema ecológico? Explica y da ejemplos si es posible.
2. ¿Crees que la escuela y la educación en general, en tu país, se preocupan lo suficiente de los problemas ambientales? Si tu respuesta es afirmativa, explica cómo contribuyen a crear conciencia sobre el problema. Si tu respuesta es negativa, explica qué es lo que debería hacerse.

Intercambia opiniones con tu profesor(a) y tus compañeros.

Actividades de grupo

En un grupo de tres o cuatro, analiza la cuestión ambiental, considerando, entre otros, los siguientes puntos:

a. Principales problemas ambientales que afectan en la actualidad a tu localidad y/o país. Identifícalos y comenta sobre cada uno de ellos.
b. Problemas ambientales que afectan a otras partes del mundo, por ejemplo América del Sur, África, Asia, y las consecuencias que éstos pueden tener sobre la humanidad.
c. Posibles medidas a tomar para evitar un mayor deterioro del medio ambiente y una eventual "catástrofe ecológica". Considera medidas a nivel individual, nacional y/o mundial.

Terminado el análisis, uno o dos miembros del grupo resumirán las principales ideas y conclusiones para el resto de la clase.

Redacción

Resume las principales ideas de tu grupo con respecto a los problemas ambientales y las posibles soluciones.

La preocupación por el medio ambiente traspasa las fronteras. En muchos países, tanto industrializados como en vías de desarrollo, se alzan voces que previenen contra el progresivo deterioro ambiental y los peligros que asechan a la humanidad. Los tres artículos que siguen complementan el texto anterior. El primero de ellos se relaciona específicamente con la destrucción de la capa de ozono y sus nefastas consecuencias. El segundo es una carta de un lector argentino que pide medidas con relación al uso de aerosoles. El tercer y último artículo hace referencia a una conferencia internacional realizada en Londres sobre el uso de aerosoles y refrigerantes.

LA DESTRUCCIÓN DE LA CAPA DE OZONO

En los lagos del sur de Chile se ha notado un aumento significativo y peligroso de las radiaciones ultravioletas.

El ozono está ubicado en la "ozonósfera", en una capa de la estratosfera ubicada a unos 15 a 40.000 m sobre la superficie de la Tierra, con una concentración especial a 25 Km de altura.

Allí es producido al disociarse las moléculas de oxígeno de la atmósfera por acción de rayos ultravioletas del sol, por la electricidad existente en la atmósfera y por radiaciones cósmicas. Químicamente, el ozono es un gas con tres átomos de oxígeno en vez de dos que tiene la molécula ordinaria. Es una sustancia extremadamente oxidante.

Ubicado muy alto sobre nosotros, el ozono se convierte en una especie de escudo protector que detiene los rayos ultravioletas provenientes del sol, y que son extremadamente perjudiciales para la vida. Si no existiera la capa de ozono, la Tierra sería un planeta estéril.

El hoyo sobre la Antártida

En 1984, de manera totalmente inesperada, los meteorólogos descubrieron que había un agujero en la capa de ozono sobre la Antártida. Sin

43

embargo, hacía más de diez años que los científicos habían advertido que los clorofluorocarbonos (Cl F C) podían dañar la capa de ozono, pero no fueron escuchados. Debido a la complejidad de los procesos químicos que ocurren en la atmósfera, no pudieron predecir la aparición del agujero sobre la Antártida, ni tampoco han sido capaces de cuantificar la magnitud de la destrucción del ozono hacia el futuro. En las condiciones extremas de frío del invierno antártico se crean las condiciones más propicias para que grandes cantidades del gas se pierdan.

Los clorofluorocarbonos mencionados son compuestos químicos usados hace muchas décadas como propulsores de los aerosoles, como refrigerantes, enfriadores, solventes, esterilizadores y en la fabricación de espumas plásticas para envases de alimentos.

Los Cl F C son gases muy estables y pueden permanecer más de 100 años en las capas bajas de la atmósfera, no existiendo mecanismos naturales para su eliminación. Se destruyen solamente bajo la acción de la radiación ultravioleta, si logran subir a capas altas de la estratosfera. Es por esto que su concentración en el aire ha subido notoriamente en los últimos años y permanecerá alta incluso si todas las emisiones de estos compuestos cesaran de inmediato.

Se ha comprobado científicamente que estos gases están directamente implicados en la destrucción de la capa de ozono, una de las mayores amenazas medioambientales a nivel global que sufre la Tierra por contaminación producida por el hombre. Usados en aerosoles, se liberan y pueden subir a la estratosfera. Allí se descomponen por efecto de las fuertes radiaciones ultravioletas, desprendiéndose los átomos de cloro. Cada uno de estos átomos puede destruir 100.000 moléculas de ozono.

Los efectos nocivos sobre el hombre y sobre la vida en general, se deben a la llegada sobre la superficie del planeta de más cantidad de radiaciones ultravioletas. En dosis pequeñas, estas ondas producen quemaduras a la piel. En cantidades mayores, aumentan la incidencia de cáncer de la piel, producen "cataratas" en los ojos y afectan el sistema inmunológico del hombre. Los efectos sobre las plantas están siendo estudiados, pero un experimento a que se sometieron 200 especies de vegetales útiles a los rayos ultravioletas, demostró que ⅔ de éstas mostraron sensibilidad a las radiaciones.

Pareciera que las consecuencias más dramáticas se manifestarían en los océanos, ya que muchas especies del fitoplancton (algas microscópicas que forman parte del plancton marino y que son los elementos básicos en las cadenas de alimentación de los demás seres del mar), se ven seriamente afectadas en su reproducción por los aumentos de la radiación.

La concentración relativa del ozono en la estratosfera también puede tener implicancias en la estabilidad del clima, ya que tiene conexión directa con el "efecto invernadero".

Se ha calculado que de seguir las tendencias actuales, hacia el año 2050 se reduciría en un 50% la cantidad de ozono que existe actualmente. Esto incidiría en el aumento—en millones de casos—de cáncer de la piel.

En Chile—especialmente en la Región de los Lagos y en la Zona Austral—ya se ha notado un aumento significativo y peligroso de las radiaciones ultravioletas, especialmente durante el verano pasado.

En septiembre de 1987, una conferencia internacional celebrada en Canadá, el "Protocolo de Montreal", trató de regular el uso de los elementos destructores de la capa de ozono. El protocolo fue revisado en junio de 1990 pero los grandes intereses creados—económicos e industriales—han impedido un corte definitivo al problema, presentándose un futuro extremadamente preocupante.

El planeta en peligro

¿Sabía usted que cada cinco años que se demore la solución de este problema se atrasa en 15 años la reducción de los niveles de cloro a niveles aceptables?

Aparte del ozono que se encuentra en la estratosfera y que protege la Tierra de los efectos nocivos de las radiaciones solares, hay otro tipo de ozono que puede encontrarse en una capa de aire muy pegada a la superficie terrestre (o a 15.000 m) y que se denomina "ozono troposférico" y es tóxico, tanto para plantas como para animales.

Se produce cuando compuestos orgánicos volátiles—como los que salen de los escapes de los vehículos—se combinan con óxidos de nitrógeno y es un componente del llamado "smog fotoquímico", ya que se origina por la acción de la luz del sol sobre los contaminantes primarios.

Un estudio reciente ha mostrado que alrededor del 50% de los habitantes de los Estados Unidos están expuestos a niveles peligrosos de este tipo de ozono, produciendo irritación a la nariz, ojos, garganta y bronquios.

Una vez más son las actividades del hombre las que causan graves problemas ecológicos. La capa de ozono había permanecido intacta por millones de años, hasta que el daño se ha presentado por la cantidad de químicos nocivos producidos por el humano en tiempos muy recientes y con una gran rapidez.

Por eso, tome conciencia:

—No use aerosoles. Esté alerta a que otras personas cercanas a usted no los empleen. Nada que viene en aerosol es de primera necesidad. Es sólo un factor de comodidad, pero que tiene consecuencias altamente peligrosas para la humanidad.

—Atención: los clorofluorocarbonos no son los únicos compuestos destructores de ozono. También el metil-cloroformo y el 1,1,1 tricloroetano.

—Evite los envases de espuma de plástico para alimentos. En su elaboración se usan estos productos peligrosos.

—Revise el acolchado de sus muebles y colchones. Prefiera las espumas de alta densidad, son un poco más duras y más caras, pero están libres o contienen menores cantidades de Cl F C.

—Cuando compre un nuevo refrigerador, asegúrese de que es un nuevo modelo, menos aislado pero más seguro.

—Evite el aire acondicionado en los automóviles. Si ya lo tiene, esté muy atento a pequeñas filtraciones del líquido, ya que es muy peligroso.

—Use cremas con factores de protección cuando se asolee o esté expuesto a radiación solar intensa.

□ ADRIANA HOFFMANN
FUNDACIÓN CLAUDIO GAY
Revista de Vivienda y Decoración,
El Mercurio, Santiago, Chile

Carta al director

AEROSOLES

SEÑOR DIRECTOR:

"Sería útil y beneficioso que algún legislador a quien le interesen los problemas cotidianos de la población presente un proyecto de ley por el que se prohíba la venta de pinturas en aerosol en todo el territorio nacional, teniendo en cuenta los cuantiosos y permanentes daños que el uso de tales elementos producen en el patrimonio público y privado.

Los mencionados productos, por lo demás, no poseen ninguna utilidad práctica, como no sea en beneficio de quienes los comercializan o como "diversión" de personas carentes de todo respeto por lo ajeno, quienes ya han arruinado, a veces en forma irrecuperable, valiosos monumentos que forman parte del patrimonio nacional e infinidad de frentes cuya reparación resulta sumamente costosa.

Prácticamente ya no queda en nuestras ciudades edificio o vivienda que no haya sufrido este tipo de agresión, con los daños que están a la vista de todos. El dictado de una ley en tal sentido favorecería la convivencia, la calidad de vida, la estética ciudadana y los derechos de los ciudadanos, que deberían ser mejor defendidos por los legisladores que los representan."

ROQUE A. SANGUINETTI
Abogado
Rosario, Argentina
La Nación, Buenos Aires, Argentina

AEROSOLES Y REFRIGERANTES

Venezuela, considerada nación pionera en América Latina en materia ambiental, fue uno de los firmantes del Protocolo de Montreal, en el que 56 naciones se comprometieron a aunar esfuerzos para erradicar la emisión de clorofluorocarbonos a la estratosfera. Esta sustancia, producida por los aerosoles y los refrigerantes, sube a la estratosfera y destruye lentamente la disminución de la capa de ozono que protege al planeta Tierra de un exceso de rayos ultravioletas.

El Protocolo de Montreal y su implementación fueron el eje de una conferencia internacional que reunió en Londres a los representantes de los 56 gobiernos firmantes en Montreal y delegados de un total de cien naciones. Venezuela estuvo presente con una delegación que incluyó los sectores políticos, científico e industrial.

Al clausurarse la reunión de Londres, los asistentes acordaron que en el año 2000 a más tardar, todas las naciones presentes habrán erradicado el escape de clorofluorocarbonos a la atmósfera.

Las dificultades que encontró la

Los aerosoles contribuyen a la destrucción de la capa de ozono.

conferencia de Londres fueron de dos tipos: hubo discusiones sobre la fecha tope de la erradicación de los escapes de clorofluorocarbonos por una parte, y por otra se hicieron sentir las exigencias de los países del tercer mundo sobre su acceso libre a las nuevas tecnologías para sustituir a los clorofluorocarbonos.

En materia de fecha tope, la Comunidad Europea, los países escandinavos, Australia, Canadá y Nueva Zelandia abogaron por fijar el tope en 1997, mientras que Estados Unidos, la URSS y Japón pedían más tiempo para adaptar sus industrias a un cambio tan radical. Según los europeos,

entre 1997 (que ellos pedían) y el año 2000 que consiguieron los Estados Unidos, saldrán a la atmósfera 11.000 millones de toneladas adicionales de fluorocarbono, con todas las consecuencias que esto implica.

En materia de acceso a las nuevas tecnologías, la ministra de Ambiente de la India, Maneka Ghandi, fue muy clara al exigir garantías de que todos los países tendrán acceso a los avances tecnológicos y no se verán forzados a comprar a los países desarrollados el producto terminado que sustituya a los clorofluorocarbonos: "Generalmente nos dicen que no nos darán la tecnología, sólo nos venderán el producto terminado. Esto nos convierte en clientes cautivos a muy gran escala".

Uno de los puntos clave del convenio, consistió por lo tanto en garantizar el acceso de todas las naciones firmantes a los progresos que se hagan en la búsqueda de productos de sustitución de los clorofluorocarbonos. Por el momento, de los fondos asignados a la investigación, China e India recibirán 40 millones de dólares para sus propios laboratorios.

☐ Revista *Zeta,* Venezuela

ANTES DE LEER

Notas explicativas   ## "La destrucción de la capa de ozono"

Región de Los Lagos *(f)* región situada a unos 800 km al sur de Santiago, la capital de Chile

Nueva Zelandia en España, *Nueva Zelanda*

Vocabulario   ## "La destrucción de la capa de ozono"

ubicado situado
escudo *(m)* especie de defensa
hoyo *(m)* agujero
propicio favorable
compuesto *(m)* sustancia que contiene más de un elemento
propulsor *(m)* que propulsa o da movimiento
envase *(m)* recipiente, envoltorio
amenaza *(f)* peligro
desprendiéndose separándose
quemadura *(f)* efecto que causa el calor del sol sobre la piel
catarata *(f)* afección a los ojos que puede conducir a la ceguera

implicancia *(f)* en este contexto, efecto
incidir en este contexto, resultar
intereses creados *(m/pl)* en este contexto, los intereses de las grandes corporaciones fabricantes de aerosoles, refrigerantes, etc.
comodidad *(f)* confort
acolchado *(m)* material con que se rellenan colchones, sofás, etc.
espuma *(f)* material suave y blando que sirve para rellenar, por ejemplo, colchones
asolearse tomar el sol

"Aerosoles"

cuantioso enorme
carentes de que no tienen
lo ajeno lo que pertenece a otros
irrecuperable que no se puede recuperar

infinidad de muchos
frente *(m)* fachada (de una casa, edificio, etc.)

"Aerosoles y refrigerantes"

firmante que firma o pone su firma en un documento
aunar unir, unificar
delegado *(m)* representante
clausurar cerrar, dar por terminado

a más tardar no más allá de esa fecha
tope *(m)* límite
abogar por estar en favor de
en materia de con relación a
cautivo en este contexto, obligado

El tema y tú

1. Haz una lista de todos los productos en aerosol que normalmente se utilizan en una casa. ¿Qué propósito tiene cada uno? ¿Podrían utilizarse en otra forma que no fuera aerosol?

2. Los productos en aerosol que compras actualmente, ¿contienen sustancias químicas que puedan dañar la capa de ozono? ¿Traen alguna indicación al respecto?

Lee ahora estos artículos sobre el tema y te enterarás sobre lo que están haciendo algunos países para acabar con el problema.

DESPUÉS DE LEER

Preguntas

1. Según el primer artículo, ¿de qué manera nos protege la capa de ozono?

2. ¿Qué efectos dañinos puede tener la destrucción de la capa de ozono sobre la vida del planeta?

3. ¿Qué consejos nos da este primer artículo para evitar la mayor destrucción de la capa de ozono y para contrarrestar sus efectos?

4. ¿Qué pide a las autoridades el autor de la carta "Aerosoles"?

5. ¿De qué se queja este lector en su carta?

6. ¿Qué es el Protocolo de Montreal?

7. ¿Qué exigencias ponen los países no industrializados para implementar los acuerdos del Protocolo de Montreal?

¿Qué opinas tú?

Cuando del medio ambiente se trata, los intereses económicos pesan muchas veces más que los intereses de la población, tanto en los países industrializados como en los en vías de desarrollo. ¿Estás de acuerdo con esta afirmación? Explica tu postura y da ejemplos si es posible.

Actividades de grupo

En grupos de cinco o seis, los estudiantes abordarán el tema de la destrucción de la capa de ozono y la necesidad de sustituir las sustancias que contienen los actuales aerosoles y refrigerantes por otras que no sean nocivas. En el grupo estarán representadas las siguientes corrientes de opinión:

a. Miembros de defensa de la Tierra que abogan por la eliminación a corto plazo de todos los productos que contienen sustancias dañinas para la Tierra y para la humanidad y su sustitución por productos no nocivos.

b. Representantes de países no industrializados que no cuentan con los recursos ni la tecnología necesarios para poder fabricar productos que no produzcan daño. Sin la ayuda de los países ricos poco podrán hacer.

c. Industriales cuyos intereses se verán afectados por el alto costo que implica adaptar sus productos a las nuevas exigencias. Preferirían retardar su implementación.

El grupo deberá llegar a un acuerdo que, sin ser el ideal, satisfaga a todas las partes. Posteriormente, uno o más miembros del grupo presentarán los argumentos y conclusiones al resto de la clase.

Redacción

Imagina que estás viviendo por algún tiempo en un país hispano. Te ha llamado la atención la poca preocupación que existe por el medio ambiente: corte indiscriminado de bosques, emanaciones de sustancias tóxicas provenientes de fábricas situadas en medio de la población, vertidos químicos en los ríos y en el mar, alto índice de "smog" causado por un exceso de contaminantes y vehículos. Decides escribir una carta a un periódico local llamando la atención sobre lo que has podido observar, sobre los peligros que esto significa y pidiendo a las autoridades que tomen medidas al respecto.

El ruido de una gran ciudad es causa de molestias y tensiones y disminuye la calidad de vida de quienes tienen que soportarlo. En este sentido, el ruido es "un agente contaminante". Así lo manifiesta el primero de los dos artículos, que trata el tema desde un punto de vista general, sin hacer referencia a ninguna ciudad en particular. El segundo artículo es la carta de un lector a un periódico madrileño. De forma muy vehemente, nuestro lector reclama por el alto nivel de ruido que afecta a los habitantes de la ciudad, pidiendo incluso la intervención de los legisladores para "prohibir" los ruidos molestos.

LA DENSIDAD DEL TRÁFICO Y LA ESTRUCTURA VIAL

El ruido ambiental: el ruido existente en los espacios públicos, generado por el movimiento y las actividades de las personas.

De forma más agresiva para unos y menos para otros, ya que el ruido es un agente contaminante con un alto grado de subjetividad en lo que se refiere a la molestia por él producida, todos los habitantes de una gran ciudad nos encontramos sometidos a un conjunto de sonidos, que lejos de ser armoniosos y por eso los denominaremos ruidos, suponen una carga negativa en nuestro balance de calidad de vida.

El ruido en la ciudad lo podemos encasillar en tres ámbitos bien diferenciados: ruido doméstico, ruido en el puesto de trabajo (laboral) y ruido ambiental.

Entendemos por ruido ambiental el existente en los espacios públicos, generado por el movimiento y las actividades de las personas que habitan la ciudad.

Dos son los factores fundamentales que inciden en los niveles de ruido ambiental en una gran ciudad, y son, por una parte, la densidad del tráfico (asociada obviamente a la densidad de población) que soportan sus calles y, por otra parte, la estructura vial, la de las edificaciones, espacios verdes, etc., es decir en definitiva su trama urbanística.

Independientemente de estos factores habrá muchos otros que favorecerán o desfavorecerán la consecución de un entorno más o menos ruidoso, algunos ejemplos de los mismos son el estado y tipo de asfalto de las calles, las pendientes de las mismas, el tanto por ciento de vehículos pesados que circulen, las condiciones técnicas de los vehículos (ligadas muchas veces a su antigüedad), el comportamiento de los conductores en actitudes como tocar el claxon, aceleraciones innecesarias, circulación con escape libre, etc., la regulación semafórica (ligada a la velocidad de circulación), la insonorización de las máquinas utilizadas en las obras públicas, etc.

Atendiendo a los factores que hemos citado como fundamentales diremos del primero que el tráfico es el principal foco de ruido en cualquier ciudad y respecto al segundo, que la configuración urbanística ayudará a que el ruido generado llegue a nuestros oídos con mayor o menor atenuación. Durante la noche obviamente existen reducciones importantes en los niveles de ruido ambiental, debido a la reducción de la actividad (reducción del tránsito) propios del adormecer de la ciudad.

□ PAU RODRÍGUEZ
La Vanguardia, Barcelona

Carta al director

ESTADO DE RUIDO

Es para felicitarse: este verano, algunos españoles han empezado a protestar en público por el ruido que hacen otros españoles. Hasta hay un editorial de *El País.* Poco a poco se conseguirá civilizar a la tribu. ¿O no?

Todo cuanto se diga del ruido será poco; especialmente si es malo. Y, además, conocido. Hay que comenzar a calificar a los ruidosos: el vecino con radio o televisión demasiado altos, el propietario de terraza con *música ambiental* a todo trapo, las *pandas* o pandillas con transistores en los jardines, los jinetes en broncas motos, etcétera, todos ellos tienen algo en común, a saber, una desconsideración hacia el prójimo que sería injusto llamar salvaje porque no consta que los salvajes sean tan animales.

El ruido innecesario (y admito lo resbaladizo de estos distingos, pero por algún lado ha de empezarse) es una agresión, y el ruidoso, un agresor. Nadie tiene derecho a imponer sus ruidos a los demás por la misma razón por la que nadie tiene derecho a entrar en vivienda ajena sin permiso del propietario, sea la hora del día o de la noche que sea. Por eso es asombrosa nuestra alegría cuando conseguimos de uvas a peras que la autoridad reduzca la actividad del ruidoso, por ejemplo, hasta las doce de la noche. Ni las doce de la noche ni las del día: nadie puede apropiarse de la vía pública si molesta a otros. Así que lo único razonable que puede hacerse con el ruido en dicha vía pública es eliminarlo sin más, esto es, volver a espacios públicos silenciosos, y que, quien desee llenarse los oídos, se encierre donde su placer no sea tortura ajena.

El medio ambiente y calidad de vida son conceptos acuñados por personas de cinco sentidos.

Conociendo el país, sé que no hay forma de eliminar algo mediante las buenas maneras y la educación: hay que prohibirlo. Por tanto, ¿para cuándo una norma legal que permita a la gente pacífica conciliar el sueño, vivir tranquila por el día, escuchar sólo lo que le place y no lo que le impone el bestia de turno? Porque, que yo sepa, medio ambiente y calidad de vida no son conceptos acuñados por personas de cuatro sentidos, sino de cinco, y el oído es, al respecto, tan importante como el olfato y muy superior al tacto.

Como también sé que los legisladores no demuestran gran sensibilidad hacia estos asuntos, me pregunto si no es ésta la típica norma que podría obligarse por vía de iniciativa popular, si *El País* se atreviera a iniciarla y si las personas afectadas escribieran ofreciendo su apoyo. Una de las desgracias de quienes apreciamos el silencio es el fatalismo ante la horrísona barbarie. Como si no supiéramos que somos los más y que la razón nos asiste.

RAMÓN GARCÍA COTARELO
Madrid
El País, Madrid, España

ANTES DE LEER

Notas explicativas

"La densidad del tráfico . . ."

velocidad de circulación *(f)* en España, la velocidad máxima en las zonas urbanas es de 60 km por hora

"Estado de ruido"

terraza *(f)* en este contexto, café o bar al aire libre

bestia *(f)* El significado más corriente de esta palabra es animal, en cuyo caso la palabra es femenina. En este contexto, se ha usado con el significado de persona ruda y mal educada, en cuyo caso la palabra puede usarse como masculina.

por iniciativa popular la posibilidad de presentar un proyecto de ley al Parlamento por parte de un grupo de ciudadanos

Vocabulario

"La densidad del tráfico . . ."

vial relativo a las calles y carreteras

conjunto *(m)* variedad

carga *(f)* en este contexto, molestia

encasillar clasificar

ámbito *(m)* ambiente

edificación *(f)* construcción

trama *(f)* en este contexto, estructura, trazado o diseño

entorno *(m)* ambiente

pendiente *(f)* declive

escape *(m)* tubo que permite la salida de gases quemados en un vehículo

semafórica relativo a los semáforos (luces de tráfico)

insonorización *(f)* protección contra ruidos

atenuación *(f)* suavidad

adormecer dormir

"Estado de ruido"

a todo trapo a todo volumen

panda *(f)* pandilla, grupo de jóvenes reunidos normalmente con malos propósitos

jinete *(m)* en este contexto, el conductor de una motocicleta

bronco tosco, áspero

prójimo *(m)* las demás personas

resbaladizo en este contexto, poco preciso, impreciso

distingo *(m)* diferencia, diferenciación

ajeno lo que pertenece a otra persona

de uvas a peras con muy poca frecuencia, infrecuentemente

conciliar el sueño dormir

placer gustar

acuñado creado, inventado

horrísono relativo al ruido que causa horror

El tema y tú

1. En términos generales y en relación al nivel de ruido, ¿cómo calificarías la ciudad o localidad donde vives: muy ruidosa, medianamente ruidosa, poco ruidosa, tranquila? Explica tu respuesta.

2. Específicamente ahora, piensa en el barrio donde vives, el lugar donde estudias y el sector de la ciudad donde sueles hacer tus compras. ¿Consideras que el nivel de ruido en ellos es tolerable? ¿Hay ruidos que causen molestias? ¿Cuáles, por ejemplo? Haz una lista de ellos.

Compara ahora tu apreciación de tu ciudad con lo que se dice en estos textos. Seguramente coincidirás en más de algún punto.

DESPUÉS DE LEER

Preguntas

1. ¿Qué tipos de ruidos distingue el autor del primer artículo?
2. ¿Qué factores fundamentales inciden en los niveles de ruido de una gran ciudad?
3. ¿Qué otros factores se mencionan en el artículo como fuente de ruidos en una ciudad? Haz una lista de ellos y compárala con la lista hecha antes de leer el artículo.
4. La persona que escribió la carta al periódico dice que el ruidoso es un agresor. ¿Qué quiere decir con esto?
5. ¿Por qué piensa el autor que la única manera de eliminar el ruido en España es prohibirlo mediante una ley?

¿Qué opinas tú?

1. ¿Qué te parece la idea de prohibir el ruido innecesario mediante una ley? ¿Crees que sería una medida eficaz? ¿Por qué?
2. ¿Qué soluciones propondrías para eliminar o reducir el ruido en una ciudad? Intercambia opiniones con tus compañeros.

Actividades de grupo

1. Comenta tus propias sugerencias para eliminar o reducir el ruido con otros compañeros. Piensa hasta qué punto tus soluciones y las de ellos son viables.
2. Imagina que estás pasando unas vacaciones en un lugar de la costa española. Alguien tiene la radio a todo volumen y no puedes dormir. Es muy tarde ya, y mañana tienes que levantarte muy temprano para volver a casa. Por otra parte, la música y el ruido te han producido un terrible dolor de cabeza. Llamas a la puerta de los vecinos y les explicas la situación. Desgraciadamente te han tocado unos vecinos poco tolerantes y no quieren entender. Insisten en que están en su propia casa y tienen derecho a hacer lo que quieran. Después de una discusión un poco acalorada, te marchas diciendo que llamarás a la policía. En un grupo de tres o cuatro, puedes hacer el papel de uno de los personajes.

Redacción

Durante tus vacaciones conociste a un chico o chica de España. Al llegar a casa le envías una carta contándole, entre otras cosas, el incidente ocurrido la noche antes de tu salida.

El agua, elemento fundamental para nuestras vidas y para la vida del planeta en general, está siendo sometida a constantes agresiones, tanto por fenómenos naturales como por nuestra propia acción. La explotación indebida de los mares y los vertidos tóxicos provenientes de las industrias son sólo algunos de los factores que están dañando irremediablemente los ecosistemas acuáticos.

AGUA: ORIGEN Y SOSTÉN DE LA VIDA

Todos estamos conscientes de que sin agua perecemos al igual que los demás seres vivos, ya sean vegetales o animales. Pero no todos estamos conscientes de que la vida de nuestro planeta se originó en el agua y que hasta la fecha y pese a los adelantos de la ciencia en cuanto a observaciones astronómicas, viajes espaciales, etc., no se ha encontrado agua y por lo consiguiente, no se ha encontrado vida en ningún otro cuerpo celeste, aparte de nuestro planeta Tierra.

Considerado de esta manera, nosotros los seres humanos tenemos la responsabilidad de cuidar el agua, origen y sostén de la vida en el universo conocido. Tenemos pues, una responsabilidad cósmica.

Por otra parte, la mayoría de nosotros consideramos a los mares, ríos, lagos, arroyos, glaciares, nieves, lluvia, etc., como cuerpos de agua o manifestaciones de la misma, aislados, independientes, sin mucha o ninguna relación entre ellos. La realidad es que todos los cuerpos de agua están ligados entre sí, formando un circuito cerrado activo que hace que las acciones de unos, tarde o temprano repercutan en los otros, siendo los ríos emergidos o subterráneos y la atmósfera los principales medios de interrelación.

Principales causas que dañan a los ecosistemas acuáticos

Fenómenos naturales como cambios de clima muy bruscos, erupciones volcánicas con escurrimientos

El agua es un elemento fundamental para nuestras vidas y para la vida del planeta en general.

de sustancias minerales en las aguas; deshielos, sequías, erosiones con arrastre de arenas o lodos a las aguas, ya sea por vientos, inundaciones, etc., afectan a los ecosistemas, pero casi siempre en ciclos calculados por la naturaleza y de los cuales ella misma se recupera.

Pero de la acción destructora y contaminante del ser humano, la naturaleza no parece tener la misma capacidad de recuperación y el deterioro de los ecosistemas es en muchos casos irreversible, como cuando por ejemplo, el daño causa la extinción de una especie.

Las campañas de concientización sobre el daño que el hombre está causando a la ecología, hasta la fecha han sido esporádicas, sin planeación adecuada y por lo mismo no se ha detenido la destrucción, la cual podemos afirmar se acelera en proporción geo-

métrica al ritmo del desarrollo industrial y del crecimiento demográfico.

Como sabemos, las industrias han sido las principales fuentes de contaminación tanto atmosférica, por los humos de sus chimeneas, como por las aguas residuales que vierten a los colectores o directamente a los ríos, lagos o mares en donde se hallan ubicadas. No debemos desdeñar la contaminación arrojada a la atmósfera pensando que no afecta a las aguas, pues está comprobado que además de viajar por el aire a otras ciudades o inclusive países—algunos de ellos más cuidadosos de la pureza de sus ambientes, como es el caso de los países nórdicos—, reciben sin embargo la contaminación en forma de lluvia ácida, la misma que escurre por montañas y valles a los arroyos y ríos y de allí a los lagos o finalmente al mar.

El sur del Estado de Veracruz es desgraciadamente una de las zonas del país y del mundo más contaminadas, en donde la vida de los ríos y parte de la costera, se ha visto diezmada, y la existente con un alto grado de contaminación que la hacen peligrosa para el consumo humano.

Los tipos de industrias que tradicionalmente han envenenado los cauces de nuestros ríos y mares han sido: las textiles, las fábricas de papel, los ingenios azucareros, las azufreras y recientemente las refinerías de petróleo y demás derivados del mismo, entre otras.

Como desgraciadamente nos consta, la perforación y explotación petrolera, así como el transporte de hidrocarburos en el mar, han causado desastres ecológicos por los millones de litros de petróleo derramado en las aguas y cuyos efectos destructores aún no podemos afirmar que hayan cesado, o cómo han afectado el desarrollo de la vida de billones de huevecillos y larvas de peces y mariscos que había en el momento de los derrames.

Los trabajos de exploración petrolera en el mar a base de explosiones como los que se efectuaron en el Golfo de México hace algunos años, han causado tal vez el mayor daño hasta la fecha a las poblaciones marinas de esta zona, pudiendo afirmar que en la vida del Golfo de México hay dos épocas, una antes de las explosiones por PEMEX, en que la pesca de la sierra era abundantísima, por citar sólo un ejemplo, y otra, la actual, con los resultados tan bajos en la pesca de esa especie. Cualquier pescador veracruzano podrá confirmar que después de esas explosiones, se capturaban toneladas de negrillos, cuberas, guachinangos, etc., que flotaban muertos por efecto de los explosivos. Lo más grave es que se mataron billones de huevecillos y larvas de todo tipo de animales marinos.

Tan terriblemente destructiva es la captura de peces por medio de explosiones, que las leyes de pesca pueden imponer una pena de varios años de prisión al infractor, pena muchas veces más severa que la que se aplica en algunos casos de homicidio.

Si se calcula mal la densidad de población de una especie, se puede producir una sobrepesca de la misma o su desaparición. Igualmente puede ocurrir si el arte pesquero no permite escapar a los ejemplares jóvenes que no se han reproducido.

La no observancia de las vedas, la mala aplicación de las mismas o su carencia, han hecho disminuir terriblemente las poblaciones de algunas especies, como por ejemplo el tiburón en el Golfo de México, la tortuga, el robalo y en un futuro muy próximo presenciaremos la desaparición del mero gigante.

Pero no solamente la contaminación y la sobrepesca dañan a los ecosistemas acuáticos. Acciones muy lejos de las costas, como la deforestación, a la larga repercuten en la vida de las aguas pues, como sabemos, la deforestación trae consigo la erosión de los suelos, y su arrastre a los ríos y de allí al mar, asfixiando al coral con los finísimos lodos que las grandes avenidas de los ríos vierten sobre los arrecifes.

El uso de pesticidas en los campos e incluso los mismos fertilizantes, son arrastrados por las lluvias a los ríos y finalmente al mar. El DDT así como los detergentes no se destruyen sino que son fijados por mariscos como ostiones y crustáceos, volviéndolos tóxicos, cancerígenos.

Por lo anotado anteriormente, vemos que la acción ignorante y egoísta del ser humano está contribuyendo aceleradamente a la degradación de la naturaleza. Ésta no es una exposición pesimista o fatalista sino apegada a la realidad de hechos que podemos comprobar diariamente. Es más, no se ha tocado el problema gravísimo de la contaminación radiactiva.

En términos netamente conservacionistas podemos afirmar que no existe actividad humana que ayude a la preservación de la naturaleza. Al mar no le damos nunca nada. Sólo extracción o destrucción.

□ Gonzalo Estrada F. de Lara
Revista *Impacto,* México

ANTES DE LEER

Notas explicativas

ingenio azucarero *(m)* en Hispanoamérica, planta industrial destinada a moler la caña y obtener el azúcar
PEMEX Petróleos Mexicanos, empresa que explota y comercializa el crudo y sus derivados
veracruzano habitante del Estado de Veracruz, México
DDT sigla de diclorodifenil-tricloretano, un insecticida

Vocabulario

sostén *(m)* que permite subsistir
perecer morir
adelanto *(m)* progreso
cuerpo celeste *(m)* astro, estrella
ligado unido, asociado
emergido sobre la superficie
brusco repentino, súbito
escurrimiento *(m)* en este contexto, caída, vertido
deshielo *(m)* acción de deshelar. El deshielo de un río provoca su crecida.
sequía *(f)* falta de lluvia
lodo *(m)* barro
campaña de concientización *(f)* campaña destinada a que la gente tome conciencia sobre un problema
vierten del verbo *verter,* derramar un líquido
desdeñar en este contexto, ignorar
arrojar lanzar
escurrir correr (líquido)

53

diezmada del verbo *diezmar,* causar gran mortandad (en este caso, de peces y otras especies)

cauce *(m)* en este contexto, el agua de los ríos

azufrera *(f)* mina o yacimiento de azufre (metaloide sólido de color amarillo)

constar saber

sierra *(f);* **negrillo** *(m);* **cubera** *(f);* **guachinango** *(m)* tipos de peces

infractor *(m)* persona que comete una infracción, que no respeta la ley

veda *(f)* prohibición de pescar o cazar una especie determinada

tiburón *(m);* **tortuga** *(f);* **robalo** *(m);* **mero** *(m)* especies marinas

arrecife *(m)* banco de rocas que sale a la superficie del mar

ostión *(m);* **crustáceo** *(m)* especies marinas

apegada relacionada, ajustada

El tema y tú   Aparte de los ya mencionados en la explicación del *Tema,* ¿qué otros factores crees tú que contribuyen al daño a las aguas y a las especies que habitan en mares, ríos y lagos? Haz una lista de todos ellos. Compara después tu lista con la de un compañero o compañera y comenta con él o ella sobre cada uno de estos factores. Lee a continuación el artículo donde encontrarás más información al respecto.

DESPUÉS DE LEER

Preguntas   1. ¿Qué significado tiene el título en relación al tema del artículo?

2. ¿Qué fenómenos naturales se citan en el texto como principales causantes de daño a los ecosistemas acuáticos?

3. ¿Qué ejemplos se dan con respecto a la acción destructora y contaminante del hombre sobre los ecosistemas acuáticos? Haz una lista de los principales ejemplos y compárala con la que hiciste antes de leer el artículo. ¿Habías mencionado ya algunos de estos factores? ¿Hay otros en los cuales no habías pensado?

¿Qué opinas tú?   Está comprobado que el turismo masivo a lo largo de las costas puede ser una importante fuente de contaminación de nuestros mares. El caso del Mediterráneo es un ejemplo típico. ¿De qué manera se produce esa contaminación? Explica y da ejemplos.

Actividades de grupo   En grupos de tres o cuatro los estudiantes analizarán brevemente uno o ambos temas sugeridos a continuación, de acuerdo con sus intereses y el lugar donde viven.

1. La importancia del mar, ríos, lagos, etcétera, en la economía del estado o región donde viven, o del país en general. ¿A qué actividades económicas da origen? (por ejemplo, pesca, explotación petrolífera, fuente de energía eléctrica, fuente de trabajo). Con anterioridad al análisis, los estudiantes podrán hacer de forma colectiva o individual una investigación sobre el tema, en biblioteca o consultando a personas que tengan conocimiento acerca de ello.

2. Las fuentes de contaminación de los mares, ríos, lagos, etcétera en el lugar donde viven o en el país en general. ¿Qué evidencia existe al respecto? (por ejemplo, aguas residuales provenientes de industrias contaminantes, contaminación de las aguas por la lluvia ácida, turismo masivo, etcétera). Al igual que con el tema anterior, los estudiantes podrán hacer una investigación previa al análisis. (*Nota:* Como alternativa, ambos temas se podrán centrar en un país de habla española.)

Redacción   Escribe un artículo sobre el tema "El agua como fuente de vida".

CIENCIA Y TECNOLOGÍA

La cooperación entre la agencia espacial norteamericana NASA y la Agencia Espacial Europea en el desarrollo de proyectos conjuntos ha reactivado el interés por los viajes espaciales y por descubrir qué es lo que hay más allá de nuestro planeta Tierra. A ello ha contribuido también la observación de recientes fenómenos naturales ocurridos en Venus y Saturno.

NUEVO INTERÉS POR LOS VIAJES ESPACIALES

Después de algunos años de olvido, los planetas han vuelto a recobrar su protagonismo en la carrera espacial tras la detección fotográfica de un terremoto en Venus y de una gigantesca tormenta en Saturno. A estas imágenes, que constituyen una de las pruebas más espectaculares de actividad geológica en el espacio, se unen los esfuerzos de los especialistas para investigar el sistema solar. Americanos y europeos pretenden enviar una nave a Saturno para, entre otros experimentos, buscar indicios de vida en el satélite Titán.

Las fotografías obtenidas por la sonda espacial Magallanes, que muestran un gigantesco corrimiento de tierras en Venus, se añaden a las logradas hace años por las naves norteamericanas Voyager. Los recientes descubrimientos han reavivado el interés de los especialistas por desentrañar los misterios que aún encierra el sistema solar.

Esta nueva atracción por los planetas ha motivado que la Agencia Espacial Europea (ESA) y la NASA hayan unido sus tecnologías para potenciar una investigación en profundidad. Entre sus proyectos destaca la sonda espacial Cassini, que se lanzará hacia Saturno dentro de unos años y que, entre otros experimentos, tratará de encontrar vestigios de vida en el satélite Titán. Otra nave europea, la Ulises, surca el espacio en estos momentos y se acerca a Júpiter.

La NASA y la ESA han unido sus tecnologías para realizar viajes espaciales.

El físico Sánchez Lavega ha presentado un interesante estudio sobre una insólita mancha blanca en Saturno.

Por lo que se refiere a los esfuerzos norteamericanos, la nave Galileo también se dirige a Júpiter para efectuar estudios de su atmósfera y su superficie. Asimismo, mientras los científicos diseñan proyectos para hacer habitable la superficie de Marte, diversos grupos de expertos europeos y japoneses, entre ellos varios españoles, estudian los planetas desde diferentes observatorios terrestres.

Hallazgo

El pasado 29 de agosto, los investigadores del laboratorio de propulsión de la NASA, en Pasadena (California), dieron a conocer la noticia de un cambio geológico en una zona de Venus. La sonda Magallanes, que desde 1990 envía imágenes a la Tierra para posteriormente confeccionar un mapa de dicho planeta, ha logrado una instantánea sorprendente. Las fotografías han sido tomadas con un intervalo de ocho meses y la última ha mostrado un derrumbamiento de terreno de cerca de dos kilómetros de ancho por ocho de largo. Una catástrofe natural cuya causa hay que buscarla en un terremoto de al menos 5 puntos en la escala sismológica de Richter.

Wesley Huntress, directivo de la NASA asegura que se trata de un gran éxito, que demuestra la actividad geológica de Venus. Sin embargo, otros expertos, como Mark Kidger, profesor del Instituto Astronómico de Tenerife, opinan que la noticia, a pesar de su indudable interés, ha sido algo exagerada en su difusión. Kidger comenta que los norteamericanos necesitan llamar la atención de la opinión pública con este tipo de descubrimientos. "Las críticas que ha recibido la tecnología americana tras los fracasos del Challenger y el telescopio espacial Hubble han podido influir en la gran publicidad que han obtenido las fotografías tomadas por la sonda Magallanes".

Mientras los soviéticos sufren las consecuencias de un brusco cambio político y social que paraliza sus investigaciones, los americanos hacen esfuerzos para mantener su privilegiada posición en el espacio. Por su parte, los europeos ponen a punto su tecnología para competir en una nueva carrera espacial que tendrá su máxima expansión en los primeros años del siglo XXI. El éxito del satélite europeo Giotto, que fue lanzado en 1985 para estudiar el cometa Halley, y el diseño de la nave Ulises, en la que ha colaborado la NASA, son dos ejemplos de la vitalidad de la industria aeroespacial europea.

Titán

Asimismo, la NASA y la Agencia Espacial Europea han presentado un proyecto conjunto para explorar Saturno y su satélite Titán. Esta misión, que lanzará al espacio a la sofisticada nave Cassini, también incluye una sonda pequeña que estudiará la estructura térmica de la atmósfera de Titán. Esta luna de Saturno se ha convertido en uno de los cuerpos celestes más interesantes del sistema solar. El satélite, de un tamaño semejante a Marte, es el único que posee unas características similares a las que existían en la Tierra en el pasado.

Antes del encuentro de la nave Voyager 1 con Titán, en noviembre de 1980, la información sobre este satélite era escasa pero tentadora. La densidad de su conjunto es tan baja que los científicos aseguran que posee una gran reserva de agua y de metano. Los especialistas opinan que en los puntos calientes de esta luna, por ejemplo en zonas cercanas a erupciones volcánicas, se podría haber desarrollado algún tipo de vida. En unos pocos años, una sonda diseñada por europeos y americanos se posará sobre la superficie de Titán para tratar de desvelar sus misterios.

El físico Agustín Sánchez Lavega, profesor en la Universidad del País Vasco, es uno de los escasos expertos españoles en el sistema solar. En colaboración con investigadores franceses, americanos y japoneses, Sánchez Lavega ha presentado un interesante estudio sobre una insólita mancha blanca en Saturno. El equipo de Lavega ha comprobado que la mancha detectada en este planeta corresponde a una gigantesca tormenta que se produjo en su atmósfera el pasado mes de septiembre. Lavega comenta que el estudio de esta tormenta, de una extensión dos veces mayor que el diámetro de la Tierra, "podría servirnos como modelo para investigar ciertos comportamientos meteorológicos en nuestro planeta. En cierto modo, su desarrollo es similar al de nuestros huracanes tropicales". Otro objetivo de esta investigación es apoyar la futura exploración de la nave espacial Cassini. "Esta sonda—señala el físico español—podría darnos una referencia de cómo ha evolucionado la atmósfera de Saturno en estos últimos años".

Estudios

El trabajo de Lavega, que se va a publicar en *Nature,* una de las revistas de ciencia más prestigiosas, se une a los que lleva a cabo el Instituto de Astrofísica de Andalucía. La denominada Unidad Estructural Sistema Solar—que depende del Consejo Superior de Investigaciones Científicas—realiza en la actualidad diversos estudios sobre los planetas. Manuel López Puertas, uno de los investigadores del grupo, comenta: "Con respecto a la atmósfera de Marte, hemos desarrollado un modelo de composición que será utilizado en las investigaciones de la plataforma espacial Mars Observer, que la NASA tiene previsto lanzar el próximo año". El equipo español también trabaja en observaciones espectroscópicas y en la obtención de imágenes de Júpiter y Saturno, Urano y Neptuno. "Estas observaciones—aclara López Puertas—se llevarán a cabo durante los próximos años con objeto de complementar las futuras misiones espaciales de las naves Galileo y Cassini".

De todos los planetas del sistema solar, Marte es el que recibe una mayor atención por parte de los científicos. La posibilidad de encontrar restos fósiles y los proyectos de construir bases permanentes en su superficie han despertado la imaginación de los estudiosos. Las características de Marte, con temperaturas muy bajas y una atmósfera muy tenue, son similares en cierto punto a las que se pueden encontrar en algunas zonas de los polos terrestres. El descubrimiento de microorganismos capaces de resistir el clima durísimo de los valles secos de la Antártida ha renovado las esperanzas de encontrar algún tipo de vida en Marte. La certeza de la existencia de agua en el denominado *planeta rojo,* bien sea en sus casquetes polares o en el subsuelo, permite barajar la posibilidad de que en el pasado hubiese sobre su superficie algo más que rocas y polvo.

Habitable

Según un trabajo elaborado por Chris McKay y Owen Toon, dos científicos de la NASA, y James Kasting, de la Universidad Park, de Pennsylvania, el deshielo de los casquetes polares marcianos y la simulación del *efecto invernadero* son algunos de los factores que pueden hacer de Marte un lugar habitable para los humanos. Ambos requieren el aumento de la temperatura, una provisión suficiente de agua y la modificación de la atmósfera del planeta. Estos proyectos coinciden con la reactivación en Estados Unidos de un futuro viaje tripulado a Marte. El presidente George Bush, tal y como lo hiciera en el pasado John F. Kennedy con la Luna, ha expresado su deseo de que la bandera norteamericana ondee en el suelo marciano antes del año 2019.

Mientras tanto, las legendarias naves Voyager, que enviaron magníficas fotografías de los planetas Júpiter y Saturno en los años setenta y ochenta, continúan su viaje por el espacio a la búsqueda de un nuevo planeta que pudiera permanecer invisible para los telescopios terrestres. Tal y como afirman muchos investigadores, "los hallazgos más sensacionales del sistema solar no se han desvelado todavía. Los descubrimientos más espectaculares llegarán en los próximos años".

□ Fernando Cohnen
Revista *Tribuna*, España

ANTES DE LEER

Notas explicativas

sonda espacial *(f)*   vehículo espacial utilizado para obtener información relativa al espacio y los planetas
Marte   el cuarto planeta más grande del sistema solar y el más cercano a la Tierra
metano *(m)*   hidrocarburo gaseoso

Consejo Superior de Investiga-ciones Científicas   principal organismo dedicado al desarrollo científico en España
espectroscópico   relativo a *la espectroscopia,* estudio del espectro luminoso, que permite descubrir la composición de los astros

Vocabulario

nave espacial *(f)*   vehículo espacial
corrimiento *(m)*   movimiento
desentrañar   averiguar, descubrir
potenciar   promover, desarrollar
destacar   sobresalir
surcar   cruzar
hallazgo *(m)*   descubrimiento
instantánea *(f)*   fotografía
derrumbamiento *(m)*   caída, deslizamiento
poner a punto   poner al día
cuerpo celeste *(m)*   estrella, astro
tentadora   que produce tentación
posarse   aterrizar, bajar

desvelar   descubrir
insólito   sorprendente
mancha *(f)*   en este contexto, algo que sobresale del resto por su color
tenue   suave
certeza *(f)*   seguridad
casquete *(m)*   relativo a la forma de los polos, como *un casco*
barajar la posibilidad   considerar la posibilidad
deshielo *(m)*   la acción de deshelar
ondear   flamear (al viento una bandera)

El tema y tú
¿Qué sabes sobre la carrera espacial en tu país y en otros países dedicados a este tipo de investigación? ¿Sabes, por ejemplo, qué país lanzó el primer satélite artificial al espacio y cuándo lo llevó a cabo? ¿Cuándo llegó el hombre a la Luna? ¿Quiénes fueron esos astronautas? Comenta sobre esto y sobre otros aspectos de la carrera espacial con tu profesor(a) y con tus compañeros. Luego, lee el artículo en el que encontrarás abundante información sobre el tema.

DESPUÉS DE LEER

Preguntas

1. ¿Cuál será uno de los principales propósitos de la sonda espacial Cassini que lanzarán NASA y la Agencia Espacial Europea?
2. ¿Qué descubrieron recientemente los investigadores en Venus?
3. Según un científico, los norteamericanos han exagerado las noticias relativas al fenómeno natural observado en Venus. ¿Por qué habrían hecho esto?
4. ¿Por qué existe tanto interés en estudiar el satélite Titán? Resume brevemente las razones.
5. ¿A qué se atribuye la mancha blanca observada recientemente en Saturno?
6. ¿Por qué se piensa que podría existir algún tipo de vida en Marte?

¿Qué opinas tú?

1. ¿Crees que es importante que los gobiernos de los países industrializados gasten grandes recursos económicos en la investigación espacial? ¿Por qué? Coméntalo con tus compañeros.
2. ¿Qué impacto podría producir en la humanidad el descubrimiento de vida inteligente en otros planetas? Intercambia opiniones con el resto de la clase.

Actividades de grupo

En grupos de cuatro o cinco los estudiantes argumentarán acerca de la posibilidad de que haya vida inteligente en otros planetas. Considera, por ejemplo:

a. ¿Podrían existir formas de vida inteligente en otros planetas? Argumentos a favor y en contra.
b. Si se acepta la existencia de formas de vida inteligente en otros planetas, ¿serían éstas similares a las de la Tierra? Explica.
c. Si se piensa que estas formas de vida serían diferentes a las de la Tierra, ¿en qué se podrían diferenciar? Considera distintas posibilidades.
d. ¿Serían formas más avanzadas de vida, comparadas con la nuestra? ¿En qué sentido?
e. ¿Serán capaces los seres humanos de comunicarse con estos seres extraterrestres? ¿En qué forma?

Estas y otras ideas se podrán analizar en un debate en el que posteriormente podría participar toda la clase.

Redacción

Escribe un artículo en torno al siguiente párrafo del texto:

"Los hallazgos más sensacionales del sistema solar no se han desvelado todavía. Los descubrimientos más espectaculares llegarán en los próximos años". ¿En qué consistirán esos descubrimientos?

Las computadoras constituyen una herramienta indispensable en cualquier ambiente de trabajo y los programas de procesamiento de textos son hoy por hoy los de mayor demanda. Así lo explica el primero de los artículos, "Amanece un silabario". El avance tecnológico ha permitido perfeccionar estos instrumentos hasta límites casi impensables, destacándose entre los nuevos logros los programas de inteligencia artificial. A ellos hace referencia el segundo de los artículos, "El protagonismo que nos aguarda: Inteligencia artificial".

AMANECE UN SILABARIO

Usar un procesador de textos es como subirse a un auto último modelo. Cuesta bajarse, porque uno se acostumbra a lo bueno. Señalan un camino por el que uno puede correr, donde antes sólo tropezaba.

El procesador de textos es un programa computacional diseñado para producir documentos. Con el tiempo ha pegado tal estirón que hoy es el *software* más vendido en el mundo.

Permite hacer acrobacias con la información escrita: copiar y cortar bloques de textos, realzarlos con negritas, subrayarlos, dar forma a las líneas, buscar y reemplazar palabras, verificar ortografía, buscar sinónimos, insertar textos desde otro archivo . . . Esto para comenzar, porque luego vienen las versiones más adelantadas que ya introducen tantas posibilidades, que convierten el programa en un *ambiente de trabajo* donde todo es permitido: gráficos, planillas electrónicas, en una palabra, la integración total.

Con esto, hay que olvidarse del pensar lineal. Se abren tantas posibilidades y operaciones que la mente se acostumbra a pensar en pantalla. El proceso, a esas alturas, es casi irreversible, como si una parte del cerebro se acoplara a los dedos y no se pudiera despegar.

Rompiendo cadenas

Un paraíso se aparece así a los miles de escritores, secretarias, periodistas y ejecutivos que aún trabajan en máquinas de escribir primitivas; que usan duro y parejo el *liquid paper* y solucionan sus cambios de parecer con tijeras y cinta adhesiva.

No hay que confundir los procesadores de texto con máquinas de escribir muy avanzadas con funciones de procesamiento de textos. Aquí nos referimos a *programas computacionales,* con mayor potencia en memoria, almacenamiento y flexibilidad.

Una lista de invitados hecha con tal programa computacional puede corregirse mil veces; un contrato, modificarse hasta el cansancio. En un reportaje se pueden intercalar, suprimir y acortar citas y conceptos en segundos, agregarles dibujos, gráficos y citas de otros archivos . . .

Los procesadores más simples, fáciles de usar, se manejan casi a la perfección con diez horas de entrena-

Las computadoras constituyen una herramienta indispensable en cualquier ambiente de trabajo.

miento. Pero, a medida que las necesidades crecen, aparecen más funciones de edición y capacidades gráficas.

Amanecer para ejecutivos

Es complejo elegir un buen programa. Los más adelantados requieren disco duro rápido. Todos constituyen un paso adelante. Es imprescindible que tengan corrector de ortografía y diccionario. Sin embargo, hay que distinguir categorías básicas de programas: los *ejecutivos* y los más *sofisticados*.

Los *ejecutivos,* con menos funciones, enfatizan los menús agradables, pantallas con ayuda, y soporte transparente de impresoras. Son recomendables en organizaciones novatas en computación o en oficinas que generan memorandums y correspondencia básica y sólo ocasionalmente necesitan impresión mezclada.

De escritos a gráficos

A medida que los productos se hacen más *sofisticados,* disponen de opciones poderosas especialmente diseñadas para ambientes con largas listas de correo, documentos complejos.

La concepción del procesamiento de textos hoy cambia radicalmente. Mejor dicho, deja de ser una respuesta aislada y se transforma en una herramienta con alta capacidad integradora entre usuarios.

En este nivel, aparecen paquetes que apoyan las mayores capacidades: diccionarios de sinónimos y antónimos, publicaciones de escritorio, manipulación de gráficos, tablas y textos en pantalla, despliegue de páginas completas enfrentadas.

El procesador de textos satisface a múltiples usuarios. Le otorga valor agregado al trabajo de producir documentos, condimentándolo con lo mejor de la creatividad humana.

☐ Soledad Amenábar
Revista de Ciencia y Tecnología,
El Mercurio,
Santiago, Chile

EL PROTAGONISMO QUE NOS AGUARDA: INTELIGENCIA ARTIFICIAL

La denominada "inteligencia artificial" está dejando de ser el futuro para incorporarse paulatinamente a la vida diaria, y no faltan quienes piensan que este hecho puede generar nuevas fronteras dentro de la informática, que hagan olvidar la importancia que reviste el factor humano.

Las repercusiones de los sistemas expertos—primer producto comercializado de la investigación en materia de inteligencia artificial, también conocida por la sigla "IA"—constituyen el objetivo de un proyecto financiado por el Ministerio de Educación y Ciencia de la República Federal de Alemania, y ejecutado por el Servicio de Perfeccionamiento del Personal de Dirección de la OIT (Organización Internacional del Trabajo). Su finalidad es identificar los cambios que están ocurriendo en las ocupaciones, el contenido del trabajo y las exigencias en cuanto a calificaciones y conocimientos.

Con el fin de examinar este nuevo desafío, en noviembre pasado el proyecto organizó un grupo de trabajo internacional en Zurich, Suiza, que congregó a profesionales, científicos y especialistas procedentes de los grandes países industrializados.

La profesora Margaret Boden, de la Universidad de Sussex, en Inglaterra, presentó en esa oportunidad una ponencia, en la que se basa un artículo publicado por "Información OIT" bajo el título de "¿Quién teme a la IA?", que transcribimos.

El artículo

La inteligencia artificial es vehiculada por un tipo revolucionario de computadoras y la ciencia está forjando nuevos instrumentos para utilizarlos.

A diferencia de los programas y robots habituales, los programas de IA se caracterizan por un alto grado de flexibilidad. Pueden aprovechar los conocimientos almacenados y la facultad de razonamiento de distintas maneras, en función del contexto.

Es posible que los programas de IA puedan hacer un día lo que por ahora sólo está al alcance del hombre. Un robot "inteligente", por ejemplo, podría utilizar su visión para mover sus miembros y colocarlos en la posición correcta, incluso en condiciones de iluminación que no sean óptimas.

También podría recoger piezas mecánicas de una caja en cualquier orden. Los robots industriales de hoy necesitan una iluminación regulada muy cuidadosamente y las piezas deben estar ordenadas de antemano.

Programas de IA

Los programas "inteligentes" utilizados en las oficinas y las instituciones profesionales podrán "entender" la escritura o la palabra hablada, de modo que el usuario no necesite aprender un lenguaje de programa-

-CREO QUE HEMOS LOGRADO UN HITO EN EL CAMPO DE LA INTELIGENCIA ARTIFICIAL.

ción especial. Los denominados "sistemas expertos" son un ejemplo de la tecnología previsible.

Una persona puede utilizarlos para obtener opinión especializada sobre un asunto determinado, por ejemplo, dónde perforar en busca de petróleo, cómo diagnosticar y tratar la meningitis, o cómo reparar un automóvil.

Los programas basados en la IA apenas comienzan a comercializarse.

En estos últimos años se han creado varias empresas de IA que construyen sistemas expertos. Las autoridades japonesas lanzaron un proyecto de "quinta generación" para la investigación y el desarrollo en materia de inteligencia artificial; la CEE, la República Federal de Alemania, el Reino Unido y los Estados Unidos siguieron el mismo camino asignando fondos adicionales a este rubro.

En el futuro, la inteligencia artificial hará su entrada en los hogares, las oficinas y las fábricas.¿Cuál debe ser nuestra reacción?

Posibles efectos

Nadie puede decir con certeza qué efectos generales tendrá la IA en el empleo. Es posible que permita reducir un poco el tiempo de trabajo, lo cual en sí no es objetable. Más controvertido, en cambio, es el hecho de que los puestos de trabajo puedan verse recortados o incluso diezmados.

Casi todos los especialistas están de acuerdo en que la estructura del empleo experimentará un cambio notable, y que predominarán los empleos en los que se trabaja para otras personas.

Pero algunos sostienen que a la larga la IA terminará por proporcionar programas para realizar también los nuevos trabajos de reciente creación. Sólo se mantendrán en pie los empleos que no puedan ser ejercidos más que por un ser humano.

Otros dicen que este planteamiento es pesimista y carente de realismo. Herbert Simon, premio Nobel de economía y uno de los pioneros de la inteligencia artificial, cree firmemente que esta nueva revolución industrial acabará por crear puestos de trabajo y mejorar las condiciones de vida, como lo hizo la primera.

Dos razones

Existen por lo menos dos razones para moderar las inquietudes en cuanto al empleo. Una de ellas es que la inteligencia artificial se parece a la nuestra mucho menos de lo que generalmente se piensa. La otra es que se asemeja a nuestra inteligencia mucho más de lo que suele creerse.

La primera parte de esta aparente paradoja destaca el hecho de que la facultad de "razonar" y "entender" de los programas de IA es mínima,

comparada con la nuestra. Los sistemas informatizados "inteligentes" son una pálida sombra de la inteligencia humana.

Las computadoras son mejores que muchos expertos humanos en las matemáticas y en los razonamientos científicos de alta precisión. Pero suele olvidarse que lo que nosotros hacemos bien, las computadoras apenas pueden hacerlo, sin más. Por ejemplo, podemos entender una lengua hablada, reconocer objetos en la sombra, aplicar el sentido común a la solución de un problema, leer "entre líneas" en los discursos y los periódicos, y realizar diversas tareas manuales con los dedos.

Los actuales programas de IA no pueden hacer ninguna de esas cosas, a no ser de manera limitadísima, y los que vendrán tampoco serán mucho mejores. En la medida en que un empleo exija que el trabajador realice esa clase de actividades, no se verá, pues, amenazado. Indudablemente, es posible modificar el empleo para reducir la necesidad de aptitudes sumamente humanas, pero esta manipulación es de muy limitado alcance.

La otra razón

La segunda parte de esta reconfortante paradoja es que las computadoras, al igual que nosotros, no son sistemas objetivos, con una garantía de llegar a la verdad. Cualquier programa puede cuestionarse en cuanto a los hechos, las inferencias y los valores en que se basa. El modelo subyacente puede resultar inaceptable por una de las tres razones o por todas, y siempre nos queda el derecho de ponerlo en duda, como lo hacemos con los seres humanos.

Los programas no sólo se cuestionan sino que se modifican. El personal puede indicar una manera de corregir la forma como un programa llega a sus conclusiones, del mismo modo que manifiesta su opinión sobre la política de la empresa o las prioridades del gobierno. Que se le dé la oportunidad de hacerlo es otro asunto.

La dirección puede fomentar una actitud informada que parta de la base de que los programas de IA son instrumentos modificables, y no poderes demoníacos autónomos destinados a oprimirnos a todos.

Conclusiones

En suma, la inteligencia artificial no es tan de temer como pudiera parecer.

Nadie puede predecir con certeza el futuro, pero en la fase de transición que tenemos por delante, los trabajadores humanos deben mantener confianza en sus posibilidades y considerarse amos de los programas, no sus esclavos.

□ *Los Andes*
Mendoza, Argentina

ANTES DE LEER

Notas explicativas

La terminología computacional
En el campo de la informática, existe una marcada tendencia en los países de habla hispana a emplear directamente la terminología inglesa o a *castellanizar,* cuando es posible, algunas palabras. El uso de la palabra *software,* por ejemplo, está prácticamente generalizado, mientras que el inglés *to format* se transforma a menudo en *formatear.*

"El protagonismo que nos aguarda: Inteligencia artificial"

computadora *(f)* otros términos utilizados son *computador* (m) y *ordenador* (m). En España se emplea preferentemente este último.

IA *(f)* inteligencia artificial
CEE *(f)* Comunidad Económica Europea

Vocabulario

"Amanece un silabario"

amanecer en este contexto, nacer
silabario *(m)* libro para enseñar a leer
tropezar en este contexto, avanzar con dificultad hasta casi caer
ha pegado tal estirón ha crecido de tal manera
realzar destacar de manera que se aprecie mejor
negrita tipo de letra de imprenta más gruesa que la usual que sirve para destacar una palabra o frase (por ejemplo un título)
archivo *(m)* documento
acoplarse unirse
despegar separar
duro y parejo mucho, con mucha frecuencia
parecer *(m)* opinión

almacenamiento *(m)* relativo a *almacenar* o la capacidad de una computadora de guardar información en la memoria
intercalar insertar
cita *(f)* pasaje textual que se reproduce de un libro
impresora *(f)* instrumento electrónico que sirve para imprimir
novato con poca experiencia
impresión mezclada *(f)* la capacidad que tienen ciertas computadoras para permitirnos producir varios textos similares, por ejemplo cartas de invitación, con ciertos elementos que varían, como nombre y dirección
despliegue relativo a desplegar o mostrar
enfrentadas una frente a la otra

"El protagonismo que nos aguarda: Inteligencia artificial"

paulatinamente gradualmente
informática *(f)* ciencia de la computación
ponencia *(f)* informe
forjar crear
lanzar en este contexto, dar a conocer
rubro *(m)* en este contexto, área (usado en Hispanoamérica)

certeza *(f)* seguridad
recortado reducido
diezmado en este contexto, eliminado
planteamiento *(m)* razonamiento
carente de falta de
inquietud *(f)* intranquilidad
asemejarse parecerse

El tema y tú

Antes de leer los artículos, considera estas preguntas:

a. Si nunca has empleado una computadora, ¿te interesaría hacerlo? ¿Por qué?

b. Si has usado una computadora, ¿con qué propósito lo has hecho?

c. ¿Conoces algún programa específico? ¿Qué te permite hacer ese programa?

Comenta las respuestas con tus compañeros.

DESPUÉS DE LEER

Preguntas

1. ¿Cuáles son algunos de los usos de un programa de procesador de textos, según el primer artículo?

2. ¿Para qué tipo de organizaciones se recomiendan los programas *ejecutivos,* con menores funciones?

3. ¿Qué opciones incorporan los programas más *sofisticados*?

4. Según el segundo artículo, ¿qué características tienen los programas de inteligencia artificial?

5. ¿Qué ejemplos da el artículo de posibles funciones de un programa de inteligencia artificial?

6. ¿Qué dice el artículo con respecto a la relación entre inteligencia artificial y empleo? Resume las ideas principales.

¿Qué opinas tú?

El desarrollo científico y tecnológico y la mecanización en general, facilitan la actividad del ser humano en todos los medios en que se desenvuelve, por ejemplo en la oficina, el hogar, la biblioteca, el banco, etcétera. ¿Estás de acuerdo? Da ejemplos concretos que ilustren cómo la ciencia y la tecnología — incluyendo la informática — nos ayudan en nuestras actividades diarias. Luego, intercambia opiniones con el resto de la clase.

Actividades de grupo

En grupos de cinco o seis se analizarán las siguientes afirmaciones, no necesariamente opuestas:

a. La inteligencia artificial reducirá el tiempo de trabajo permitiendo al ser humano dedicar tiempo a otras actividades.

b. La inteligencia artificial significará la desaparición de muchos empleos hasta ahora realizados por el ser humano.

c. Las posibilidades de la inteligencia artificial son limitadas y ésta no puede reemplazar a la inteligencia humana.

d. La inteligencia artificial ayudará a crear nuevos puestos de trabajo y mejorará las condiciones de vida del ser humano.

Terminado el análisis, miembros del grupo presentarán los principales argumentos y conclusiones al resto de la clase.

Redacción

Los estudiantes y los futuros profesionales deberán estar familiarizados con la computación. Escribe unos párrafos que justifiquen esta declaración.

La influencia de la herencia y del ambiente en el desarrollo de la inteligencia es el tema central del siguiente artículo. Las investigaciones a que hace referencia el autor del texto han demostrado la importancia de ambos componentes, pero no existe acuerdo sobre la importancia relativa de cada uno.

LA HERENCIA Y EL AMBIENTE CONDICIONAN LA INTELIGENCIA

El cociente intelectual de los niños adoptados depende tanto del ambiente socioeconómico como de las características de sus padres biológicos.

La ciencia ha establecido claramente que la herencia y el ambiente son las dos influencias fundamentales en el desarrollo de las diferencias individuales en la inteligencia. El grado de participación de cada uno de estos componentes y su importancia relativa es, sin embargo, objeto de discusiones y posturas contrapuestas entre los profesionales y científicos.

Un bien diseñado estudio realizado por Christiane Capron y Michael Duyme, que trabajan en el laboratorio de genética, neurogenética y conducta de la Universidad de París ofrece un novedoso elemento de análisis y reflexión: la valoración en estudio concreto de la importancia relativa de cada uno de estos factores.

La investigación se ha llevado a cabo con un grupo de niños que habían sido adoptados. Los resultados de la experiencia han mostrado claramente que el CI de los niños estudiados está influenciado tanto por la herencia como por las circunstancias ambientales en las que se desarrolla-

ron los primeros años de la vida.

Uno de los inconvenientes para deslindar la importancia relativa de cada una de estas dos variables es la dificultad para establecer unos grupos de individuos en los que se pueda estudiar en qué proporción influencian en la inteligencia los elementos dictados por la genética y aquéllos ligados a las circunstancias del entorno.

El análisis de la herencia puede ser realizado comparando grupos de personas con un ambiente similar dentro de lo posible (circunstancias socioeconómicas, nivel de educación, etcétera) y en los que el elemento diferenciador sean las características de los padres, de forma similar estudiando grupos de individuos cuyos padres participan de un nivel intelectual similar pero cuyo ambiente haya sido radicalmente diferente. De este modo, se puede valorar de alguna forma la importancia que el medio tuvo en las capacidades intelectuales. Pero el problema más complejo, y de él existen pocas evidencias, es valorar de una forma conjunta ambas variables. En algunos casos se ha estudiado el devenir intelectual de hermanos gemelos que hubieran crecido

en ambientes absolutamente diferentes. Esta circunstancia no es precisamente habitual y el hecho imposibilita extraer consecuencias excesivamente valorables en un problema tan complejo como éste.

El estudio diseñado y realizado por los investigadores Capron y Duyme ofrece datos valiosos en esta polémica. De un total de 4.800 informes de adopción registrados se escogieron treinta y ocho que cumplían las condiciones precisas que requería el estudio. Se conocía en cada caso el nivel de educación de los padres biológicos y de los adoptivos así como el ambiente sociocultural en el que los niños se habían desarrollado desde su temprana adopción. Los elementos de análisis de la inteligencia de los niños se practicaron a los catorce años de edad mediante una serie de pruebas realizadas en el ambiente escolar con una ética y estricta metodología.

El análisis ofrecía de entrada un dato del que ya existían precedentes: la notable influencia del medio sociocultural en el que los niños crecen. Los niños cuyos padres adoptivos eran de categoría social e intelectual elevada (profesores, universitarios,

El medio sociocultural en el que los niños crecen tiene gran influencia sobre el cociente de inteligencia.

manifiesto la importancia que éstas tienen en el desarrollo de la inteligencia individual. A pesar de esta supuesta claridad numérica estos datos no deben ser interpretados de una manera simplista ni mucho menos utilizados como apoyo a planteamientos eugenésicos. El método utilizado permite la obtención de medidas orientadoras generales pero no particulares. Las predicciones individuales son por lo tanto imposibles de realizar. Con el término hereditario, o mejor biológico, se incluyen en este estudio circunstancias propiamente ambientales, en nada ligadas al genotipo. Hoy sabemos de influencias de este tipo en el feto y en el recién nacido. Conocemos cómo la malnutrición en la primera infancia puede repercutir sobre el cociente intelectual de los niños y por estudios experimentales sabemos de la limitación que en el aprendizaje poseen las crías de ratas malnutridas durante el embarazo.

Estudios de este tipo, aparte de ofrecer vías de estudio en la comprensión del complejo fenómeno que es la inteligencia humana, son de gran ayuda al plantear las políticas de adopción y, lo que es más importante, ofrecer las mejores y más adecuadas posibilidades al desarrollo del elemento más característico de la raza humana.

Los límites del CI

El CI es un dato obtenido de la valoración de una serie de pruebas y de ciertos aspectos individuales cuyo resultado orienta acerca de la inteligencia individual. No es una prueba absoluta de ella ni posee gran precisión, es simplemente orientativo y su utilidad máxima es para el estudio epidemiológico de grupos. Así se puede hablar de medidas de CI en determinados colectivos, en la población general, etcétera. No posee un valor determinista, pues entre otras cosas puede modificarse a lo largo de la vida y, además, no tiene en cuenta una serie de circunstancias que influencian fundamentalmente el rendimiento y posibilidades intelectuales. A pesar de sus limitaciones, el CI es un instrumento muy utilizado.

□ Antonio Salgado
Suplemento Ciencia y Tecnología
La Vanguardia, Barcelona

etcétera) mostraban un CI superior en casi 12 puntos a aquéllos cuyo ambiente familiar adoptivo era profesional y económicamente menos favorecido (obreros, empleados sin cualificaciones, etcétera), al margen de las características de los padres biológicos. Esta diferencia representa en términos comparativos, la que se observa entre el CI de los estudiantes universitarios en Estados Unidos y la media de la población general de aquel país.

Cuando se correlacionaban el CI en función de las características de los padres biológicos y adoptados aparecían unas diferencias valorables. El CI de los niños cuyos padres biológicos poseían formación superior era de 113.5, en comparación con la media de 98 en quienes sus padres adoptivos pertenecían a un ambiente económico y social menos favorecido. Esta diferencia de 15.5 de CI, no es exclusiva por supuesto de las características biológicas, pero pone de

ANTES DE LEER

Notas explicativas

CI *(m)* cociente de inteligencia o cociente intelectual, conocido en inglés como IQ

genética *(f)* parte de la biología que estudia la herencia de las características anatómicas, citológicas (relativas a las células y sus funciones) y funcionales entre padres e hijos

Vocabulario

contrapuestas contrarias, opuestas

deslindar establecer los límites

entorno *(m)* ambiente

medio *(m)* ambiente

devenir suceder

gemelos *(m/pl)* hermanos nacidos de la fecundación de un solo óvulo y que al nacer presentan características físicas similares

al margen de sin considerar

media *(f)* promedio

correlacionar relacionar dos o más cosas

formación *(f)* educación

poner de manifiesto hacer evidente

planteamiento *(m)* argumento

eugenésico relativo a la eugenesia, en la que se aplican las leyes biológicas de la herencia al perfeccionamiento de la especie

ligado unido, asociado

genotipo *(m)* conjunto de factores hereditarios en un individuo o en una especie

repercutir causar efecto en otra cosa

malnutridas mal alimentadas

epidemiológico relativo a la epidemiología, ciencia que estudia las epidemias

determinista relativo a lo que no se puede alterar

rendimiento *(m)* relativo a rendir, lo que se es capaz de hacer (por ejemplo, con relación al intelecto)

El tema y tú

¿Qué significa la inteligencia para ti? Haz una lista de características y/o capacidades individuales que tú consideres como señales de inteligencia. Compara tus notas con las de tus compañeros y comenta con ellos acerca de éstas.

DESPUÉS DE LEER

Preguntas

1. ¿Qué demostró la investigación realizada en la Universidad de París?

2. ¿Qué dificultades se presentan al tratar de establecer la importancia relativa de herencia y ambiente en la inteligencia?

3. ¿Cómo se puede realizar el análisis de la herencia como uno de los factores determinantes de la inteligencia?

4. ¿Qué relaciones se ha podido observar entre medio sociocultural y CI? ¿Y entre CI y las características de los padres biológicos y adoptivos?

5. ¿Qué importancia tienen estos estudios sobre la inteligencia en lo que respecta a las políticas de adopción?

1. En los centros de enseñanza donde has estudiado o estudias actualmente, ¿se aplican pruebas para medir el CI? ¿Qué sabes sobre ellas?

2. ¿Qué limitaciones crees que presentan tales pruebas como instrumentos de medición de la inteligencia?

3. Aparte de los mencionados en el artículo (casos de adopción, estudios epidemiológicos), ¿qué usos se puede dar a la información sobre el CI de un individuo?

Actividades de grupo

En un grupo de tres o cuatro, analiza la importancia relativa del ambiente y de la herencia en la inteligencia. A través de ejemplos, comenta sobre factores tales como:

a. El medio cultural donde se nace y crece.

b. El nivel de educación de los padres y del ambiente que rodea al niño.

c. La profesión o actividad de los padres.

d. La influencia de la escuela, especialmente en los primeros años.

e. Las características de los padres biológicos.

f. Otros.

Aparte de dar ejemplos, todos en el grupo deberán opinar sobre la importancia que atribuyen a cada uno de estos factores, hasta qué punto son determinantes del CI y qué posibilidades tiene el individuo de poder modificarlo a lo largo de su vida. Finalizada la discusión, uno o dos miembros del grupo presentarán un informe oral al resto de la clase.

Redacción

Describe a una persona que conozcas (a través de los medios de comunicación o personalmente) en términos de su inteligencia, tal como lo puedes apreciar. ¿Cómo calificarías su inteligencia? ¿Qué características de esa persona te hacen calificarla así? ¿Sabes qué influencias puede haber habido en el desarrollo de la inteligencia de esa persona?

La medicina, como otras ciencias, avanza y se pone al día. El acento parece estar cada vez más en la prevención que en la curación. Con todo, la industria farmacéutica sigue desarrollando nuevos medicamentos, muchos de ellos destinados a una población que envejece cada día más. Por su parte, los investigadores centran sus esfuerzos en la búsqueda de vacunas que impidan la propagación de ciertos males, y en la creación de la droga milagrosa que pueda poner fin a enfermedades incurables.

UN DIAGNÓSTICO FAVORABLE

¿Qué tengo, doctor?, es la pregunta repetida millones de veces en todo el mundo; y el médico, primera y última estación de los circuitos de diagnóstico y tratamiento, hace lo que cree mejor. Recetas, órdenes y el paciente se interna en la medicina de hoy, estresada tanto por éxitos resonantes como por la impotencia ante los males "cuco" de la humanidad.

La medicina cambió. El acento está actualmente en la prevención: con respecto al SIDA, el cáncer y los ataques al cerebro o al corazón, "hombre prevenido vale por dos". Esto si se vive en países desarrollados pues en el continente africano, por ejemplo, la gente tiene una expectativa de vida, en promedio, de 32 años.

Por su parte, la industria de los medicamentos debió adaptarse al envejecimiento que muestra la población mundial (el número de nacimientos ha disminuido y, gracias a los distintos avances, las personas viven más). Así, un país como los Estados Unidos destina el 50 por ciento de los fondos de investigaciones de nuevos medicamentos a aquéllos que traten los males de la vejez. ¿Los resultados?: aparecieron 87 innovaciones para el tratamiento de las afecciones cardiovasculares y 60 nuevas drogas para luchar contra la artritis (inflamación de las articulaciones), la diabetes y el mal de Alzheimer (dolencia

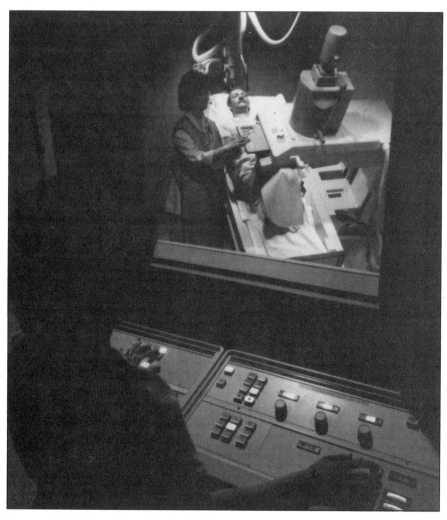

La mayoría de los mejores métodos de diagnóstico y tratamiento sólo están disponibles para un pequeñísimo número de personas.

degenerativa del sistema nervioso central que provoca pérdida de memoria, dificultades para hablar y razonar).

Las inversiones en nuevos medicamentos crecen año tras año. Italia invierte unos 900 millones de dólares, Suiza 1.000, Francia 1.300, Japón 2.600 y los Estados Unidos entre 5.000 y 7.000 millones de dólares anuales. Pero las posibilidades de acceder a los remedios varían mucho también según de qué países se trate. Así, un obrero argentino debe trabajar, en promedio, siete horas y media para comprar un medicamento cardioprotector, mientras que su par estadounidense sólo precisa cuatro horas y 50 minutos de trabajo. Si hay que comprar un ansiolítico, la proporción es de 4,05 horas contra dos. En general y tomando en cuenta una canasta común de ocho medicamentos, un argentino debe trabajar más del doble que un estadounidense si quiere comprarlos.

A pesar de la importancia del desarrollo de nuevas drogas, las líneas más ambiciosas de investigación andan tras varias vacunas. Los deseos de gloria y dinero quedarían más que satisfechos en los investigadores que encuentren la inmunización contra el SIDA, por ejemplo.

En los últimos 50 años, la medicina dejó de apoyarse en el médico familiar (quien sabía del sarampión tardío de Eduardito, del embarazo frustrado de Clara y del fantasma de la úlcera, instalado en la familia desde que los bisabuelos llegaron de Europa) para hacerlo en las tomografías computadas, en los análisis de laboratorio más finos (y más caros) y en un sinnúmero de especialidades. Pero, al comprobarse que las somatizaciones son moneda corriente y que más de un síntoma quedaba en la camilla luego de la charla, hoy en día existe una revalorización del médico "integrador", quien puede considerar al hombre como lo que verdaderamente es: una unidad.

Con esta tendencia conviven los planes para consultorios robotizados. Allí, los síntomas que sufre un enfermo y su historia clínica entran en la computadora que luego da diagnósticos y sugiere tratamientos. Si triunfa esta tendencia ¿dónde quedarán la intuición genial y la calidez que caracterizan a los médicos notables? Claro que muchos harán alusión al estrés, a la falta de sueño y las pre-

siones profesionales que han llevado a más de un cirujano a olvidar alguna pinza dentro de su paciente. El robot sería inmune a estas lacras. La mayoría de las personas creen que uno de los problemas mayores de la medicina es la falta de médicos. Pero no es así, por lo menos en nuestro país (véase recuadro).

Hoy en día, los doctores esperan a sus pacientes en el hospital o sanatorio. La proliferación de las ambulancias privadas es una prueba de ello. Entonces, los enfermos, técnicos y auxiliares se transforman en presencias que a veces son cuestión de vida o muerte.

En apoyo de esta realidad, una prospección hecha en los Estados Unidos sobre el tema de los empleos del año 2000 indica que el número de paramédicos, especialmente los que atienden emergencias en hogares, crecerá un 66 por ciento debido a la necesidad de contar con una ayuda rápida y calificada. Los enfermeros también incrementarán su número en un 68 por ciento, gran crecimiento si se lo compara con el asignado para los programadores de computadoras (49 por ciento). Los paramédicos y enfermeros sólo fueron superados por los gestores, quienes crecerán en un 70 por ciento.

La medicina del mundo tiene varias paradojas. Japón, por ejemplo, cuenta con más investigadores especializados en SIDA que enfermos de este mal. Pero la realidad más difícil de aceptar es que la mayoría de los mejores métodos de diagnóstico y tratamiento, aquéllos que más pueden beneficiar a la humanidad, sólo están disponibles para un pequeñísimo número de personas.

En la medicina de hoy se ve más vida, no sólo por la longevidad que impusieron los distintos hallazgos, sino porque el trabajo se basa en cé-

lulas vivas, en algunas de sus partes fundamentales como son sus genes. Los animales con "rasgos" humanos también aportan los modelos experimentales más logrados de toda la historia de la medicina. En ellos se han puesto todas las esperanzas para derrotar al cáncer y al SIDA.

Los relojes internos

Incluso, en la búsqueda de soluciones para la depresión, las obsesiones y todo tipo de trastornos, el hombre está recurriendo a sus propios relojes internos, al estudio de los cambios de distintas sustancias en la sangre y su relación con la duración de los períodos de luz y oscuridad. Ahora se sabe que la acción de un medicamento varía con las distintas horas del día y que hasta el rendimiento intelectual y el riesgo de accidentes tienen que ver con el reloj interior. Pero la rama médica que más esperanzas atrae es la terapia genética. Según los especialistas y si de cáncer se trata, podrán identificarse y suprimirse las órdenes que predisponen a los tumores. En los Estados Unidos, ya hay por lo menos un grupo muy asentado de investigadores (el que lidera el doctor Steven Rosenberg, del Instituto Nacional de Salud). Este médico, que fue famoso por operar de cáncer de colon a Ronald Reagan, extrae células de la sangre de pacientes enfermos, modifica el contenido genético y las vuelve a inyectar para reforzar los mecanismos de defensa contra el cáncer. Las células modificadas segregan un compuesto químico natural que mata a las cancerosas. Rosenberg obtuvo remisiones completas o casi completas de tumores de piel. Otros médicos están aplicando la terapia genética para tratar la inmunodeficiencia congénita, mal que padecen los llamados niños de "burbuja". Estos chicos están confinados a una habitación estéril para que ningún germen los ataque. Al carecer de defensas, los niños no pueden repelerlos.

¿Hacia dónde va la medicina? Por ahora es una vieja dama remozada que conserva el empuje de su juventud. Calzada con botas cibernéticas, y sin perder de vista el alma del hombre, avanza en busca del remedio para todos los males.

□ GRACIELA CLIVAGGIO
Clarín Revista, Argentina

ANTES DE LEER

Notas explicativas

cuco *(m)* fantasma con que se mete miedo a los niños. En España se emplea la palabra *coco.*

SIDA *(m)* síndrome de inmunodeficiencia adquirida

hombre prevenido vale por dos viejo proverbio que aconseja prevenir o estar preparado a fin de evitar posibles males

expectativa de vida *(f)* lo que se espera vivir, promedio de vida con relación a un país determinado, un continente, etcétera

remedio *(m)* término coloquial usado en algunos países hispanoamericanos para referirse a los medicamentos o medicinas

canasta *(f)* cesta; en este contexto, medida imaginaria en la que se incluye un cierto número de productos cuyo valor total se desea conocer. Así, se habla también de la *canasta familiar,* que incluye productos tales como pan, leche, aceite, mantequilla, etcétera.

médico familiar *(m)* conocido también como *médico de cabecera*

m'hijo forma hablada correspondiente a *mi hijo*

dotor *(m)* pronunciación no educada de la palabra *doctor,* que se oye en ciertos sectores de Hispanoamérica, por ejemplo Argentina

niños de "burbuja" *(m)* dice relación con aquellos niños que carecen de defensas y que deben permanecer aislados en una habitación estéril para no sufrir contagios ni ser atacados por ningún germen

Vocabulario

receta *(f)* prescripción médica

estresado sometido a estrés

afección enfermedad

dolencia *(f)* enfermedad

par *(m)* igual

ansiolítico *(m)* medicamento para controlar la ansiedad

vacuna *(f)* cultivo microbiano o toxina que al inocularse a un individuo lo inmuniza contra cierta enfermedad

sarampión *(m)* enfermedad que se caracteriza por erupciones y manchas rojas en la piel y que ataca especialmente a los niños

tomografía *(f)* tipo de radiografía

somatización *(f)* manifestación física de un problema psiquiátrico

camilla *(f)* cama pequeña para transportar enfermos

consultorio *(m)* lugar donde se dan consultas médicas

robotizados automatizados, mecanizados

calidez *(f)* en este contexto, amabilidad

cirujano *(m)* médico que se dedica a la cirugía

pinza *(f)* pequeña herramienta en forma de tenaza usada por los cirujanos en operaciones

lacra *(f)* mal

gestor *(m)* persona que se encarga de realizar operaciones de tipo burocrático

hallazgo *(m)* lo que se halla o encuentra; descubrimiento

rasgos *(m/pl)* facciones de la cara

aportar dar o proporcionar

trastorno *(m)* afección, enfermedad

asentado establecido

liderar hacer de líder

remozada rejuvenecida, renovada

empuje *(m)* fuerza, vigor

calzar botas llevar botas (sentido figurado)

cibernético relativo a la ciencia que estudia el funcionamiento de las conexiones nerviosas

El tema y tú

Uno de los puntos que toca el artículo que leerás es el de la prevención dentro del campo de la medicina. Piensa en la gente de tu país, en los que te rodean y en ti mismo/a. ¿Crees que existe suficiente conciencia acerca de la necesidad de prevenir ciertas enfermedades, especialmente de aquéllas cuyas causas están lo suficientemente establecidas? ¿Qué ejemplos conoces? ¿Qué formas de conducta adopta la gente para prevenir estas enfermedades?

Lee ahora el artículo sobre algunos de los avances de la medicina moderna y toma notas sobre los puntos principales.

DESPUÉS DE LEER

Preguntas

1. ¿Qué ejemplos da el artículo de enfermedades que la medicina moderna trata de prevenir? ¿Habías tenido en cuenta estas enfermedades al responder a las preguntas de la sección *El tema y tú*?

2. Según el artículo, ¿qué está ocurriendo dentro de la industria farmacéutica?

3. ¿Qué se entiende por médico "integrador" en el contexto del artículo?

4. ¿Cuál será la tendencia con relación a empleos en el área médica en Estados Unidos hacia el año 2000?

5. ¿Qué significado tiene la frase "los relojes internos" en el contexto del artículo?

¿Qué opinas tú?

1. ¿Qué opinión tienes con respecto de los servicios médicos de tu país? ¿Los consideras adecuados/inadecuados, suficientes/insuficientes, accesibles para la mayoría de la gente, etcétera? Piensa en tu propia experiencia y en la de los que te rodean.

2. ¿Existe un servicio de atención médica en tu escuela, universidad y/o lugar de trabajo? ¿Cómo puedes tener acceso a ese servicio?

Actividades de grupo

En un grupo de tres o cuatro, analiza las ventajas y desventajas de la "robotización" de la medicina y la entrega de diagnósticos y tratamientos computerizados. Considera, por ejemplo:

a. Los beneficios que la nueva tecnología puede tener en el tratamiento de ciertas enfermedades, en la prolongación de la vida, etcétera.

b. Las desventajas o peligros de un diagnóstico y tratamiento computerizado.

c. La relación personalizada entre médico y paciente: ¿es necesaria? ¿Por qué?

Terminado el análisis, un miembro del grupo resumirá las principales ideas para el resto de la clase.

Redacción

Hoy en día, y a pesar de los avances de la medicina, se habla mucho de formas alternativas de medicina, por ejemplo la homeopatía, la acupuntura. Infórmate acerca de éstas y escribe un artículo analizando las terapias alternativas en general y su relación con la medicina tradicional. Si lo prefieres, escribe sobre una forma de terapia en particular. Expresa brevemente tu opinión sobre la validez de estos enfoques terapéuticos.

Cada vez con mayor frecuencia, y a pesar de los elevados costos, las parejas estériles recurren a la fertilización externa para satisfacer el deseo de tener un hijo. Como sucede en otros campos de la medicina, la fertilización *in vitro* lleva a planteamientos, no sólo de orden científico–técnico, sino también de carácter ético y legal.

LAS FRONTERAS DE LA MANIPULACIÓN DE LA VIDA

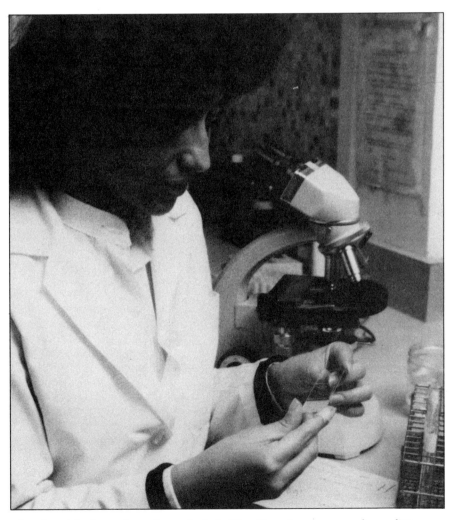

¿A qué se debe la creciente demanda de fertilización externa . . . con largas listas de espera?

Desde hace algunos años, las vicisitudes en torno a los impropiamente llamados *bebés probeta* mantienen un alto nivel de interés, tanto en círculos especializados como en los medios de comunicación. Las noticias en torno a los sucesivos logros nacionales—primero el Reino Unido, luego Australia, más tarde Estados Unidos, Austria, Suecia . . . ; cinco años más tarde España—contribuyen a crear un clima de competición internacional muy similar en la forma a otras carreras tecnológicas tales como la espacial, la informática o la telemática. Por otra parte, como no podía ser menos en una tecnología que se sitúa en las fronteras de la manipulación de la vida, la fertilización externa con implantación uterina abre una larga serie de interrogantes de carácter científico, ético y legal que es necesario ir analizando con la perspectiva y visión de futuro que el caso requiere.

El feliz alumbramiento de Louise Brown en 1978 culmina más de 15 años de investigación sobre problemas de la reproducción humana por parte del profesor Robert Edwards y colaboradores, del laboratorio de fisiología de la Universidad de Cambridge. Con anterioridad, en 1959–1960, los equipos de M.C. Chang, en Estados Unidos, y de Charles Thibault, en Francia, habían conseguido la reproducción de conejos por la técnica de la fertilización externa. Veinte años, pues, transcurrieron entre la experimentación animal y su aplicación a los humanos. Últimamente, sin embargo, los avances tecnológicos en este terreno se han sucedido a un ritmo acelerado. Así, hace tres años el propio Robert Edwards fijaba en nueve días la capacidad de sobrevivencia de embriones viables cultivados *in vitro* y vaticinaba como muy distante la posibilidad de la crioconservación de embriones humanos. En la actualidad ya se han superado los 17 días de sobrevivencia de embriones cultivados y la conservación de embriones humanos congelados ha pasado a ser una técnica viable a partir del nacimiento de la pequeña Zoe en Australia.

La comercialización de la fecundación externa

Las razones de este impetuoso avance hay que buscarlas, sin duda, en la laboriosidad y abnegada dedicación de los científicos, pero sería absolutamente ingenuo dejar de lado los mecanismos de mercado que operan en todo desarrollo tecnológico. Sólo en Estados Unidos se calcula en una cifra próxima al millón el número de mujeres infértiles que podrían beneficiarse de la fecundación externa, a unos precios medios de 3.000 a 4.000 dólares por intento. Con los debidos ajustes, ésta debe ser la tendencia previsible del mercado en Europa occidental, Canadá y Australia.

Teniendo en cuenta que la mayoría de los buenos centros de fertilización externa operan con una probabilidad de éxito del 15% al 20%, resulta que se necesitan tres intentos para tener un 50% de probabilidad de quedar embarazada. Por eso, Joseph Schulman, de la facultad de Medicina de la Universidad George Washington, suele mentalizar a sus clientes advirtiéndoles que el embarazo por fecundación externa les resultará poco más o menos "como comprarse un coche nuevo".

Las razones de una demanda creciente

¿A qué se debe esta creciente demanda de fertilización externa que parece desbordar la capacidad de la mayoría de los centros, con largas listas de espera? El doctor Duval señala cómo después de recorrer un largo camino médico–quirúrgico las parejas estériles acuden a probar el nuevo método con la angustia de abordar la última esperanza y el temor a la decepción. En muchos casos la motivación última parece obedecer a la satisfacción de un auténtico deseo de tener hijos. En otros, sin embargo, se trata de un deseo de quedar embarazada, en un anhelo subconsciente de recuperar la identidad femenina, puesta en entredicho por la esterilidad. Aquí puede fácilmente apreciarse el peso del culto secular a la maternidad y la misoginia de nuestra tradición cultural judeocristiana, que sitúan a la mujer estéril en la frontera de la marginalidad y el anatema social.

En otros muy contados casos puede tratarse del deseo caprichoso de participar en una aventura científica *precursora* o de lograr lo que otros en peor situación económica no se pueden permitir. Dada la prodigiosa capacidad humana para la ostentación, existe un riesgo permanente de frivolización de la fertilización *in vitro* en establecimientos lujuriosos en los que la *bella gente afluente* se permita la predeterminación del sexo mediante la selección de espermatozoides, con una tecnología que ya se está utilizando en la industria agropecuaria.

Tampoco habría ningún obstáculo, en esta línea frívola, para la selección de espermatozoides en virtud de cualidades del donante, tales como belleza física, inteligencia o cualquier otro atributo que se suele considerar genéticamente determinado. Esto ya se venía practicando con ciertos bancos de esperma para la inseminación artificial en humanos.

En este sentido conviene recordar que hace unos años nacía en Estados Unidos el primer bebé fruto de la fecundación externa con el semen de un donante superdotado. El acontecimiento, que fue ampliamente recogido por todos los medios de comunicación internacionales, forma parte de los delirios cientistas de un multimillonario californiano empeñado en demostrar la heredabilidad de la inteligencia.

Este capricho del multimillonario pone de manifiesto el riesgo de utilización de la tecnología reproductora para unos fines eugenésicos discutibles cuanto menos. Un riesgo que los comités éticos y las regulaciones legales no podrán evitar, puesto que siempre se podrá recurrir a estratagemas clandestinas o a la utilización de países de regulación más laxa como base de operaciones. Así lo demuestra la historia de la no proliferación nuclear, la ubicación de industrias peligrosas para la salud o la experimentación de fármacos en cobayos humanos.

En estos últimos años se aprecia un pujante y sostenido avance del movimiento eugenésico, especialmente en sociedades como la norteamericana, dotadas de un sistema social con fuertes resonancias meritocráticas y racistas. La *mafia* de la heredabilidad de la inteligencia cuenta allí con importantes mentores de prestigio, como los psicómetras Jensen y Herrstein y el premio Nobel Stockley, empeñados desde hace más de una década en una campaña contra la igualdad de oportunidades en el sistema educativo norteamericano. Según ellos habría que eliminar del presupuesto los gastos de una educación proteccionista hacia los negros y otras minorías raciales consideradas por estos sabios como "congénitamente infradotadas".

En esta misma dirección resuenan las ideas de otro venerable premio Nobel, el médico australiano Mac Farlane Burnet, haciendo campaña eugenésica para proteger a la humanidad de los individuos *inferiores*. El problema estriba en que éstos son más prolíficos que las elites, de forma que la manada de mediocres y tarados puede llegar con el tiempo a rebasar a los humanos más perfectos. Para contrarrestar esta tendencia y preservar el patrimonio genético humano, nuestro sabio recomienda eliminar a los desviados, limitar la reproducción de los deficientes y promover la multiplicación de los mejor dotados.

Nada mejor para esta empresa que las nuevas tecnologías reproductoras hoy en continua evolución. Efectivamente, la fertilización externa con implantación uterina es sólo el comienzo de lo que puede devenir, en un lapso de tiempo relativamente corto, en virtud del ya mencionado efecto multiplicador de los mecanismos de mercado sobre el proceso de la inventiva.

La *partenogénesis*, esto es, el desarrollo de un embrión sin el concurso del esperma, se consigue con manipulaciones muy sencillas de los oocitos de anfibios, y nada hace pensar que no pueda realizarse con óvulos humanos ahora que ya se domina la técnica de cultivo de embriones. Con este sistema se podría conseguir un buen número de réplicas idénticas a una hipotética superhembra dadora de los óvulos, aunque es dudoso que el aroma misógino del pensamiento eugenésico estuviera interesado en un sistema exclusivamente multiplicador de mujeres bellas, fuertes y sabias.

El *clonaje* de varones se podría conseguir con la eliminación del núcleo del óvulo y su sustitución por el núcleo de alguna célula de embrión temprano, del sexo apropiado. Esta técnica de trasplante nuclear, que se sustenta en una gran habilidad para la micromanipulación de células, se viene realizando desde hace años con huevos y embriones de anfibios. Recientemente, el profesor Karl Illmensee, de la Universidad de Ginebra, ha comunicado la reproducción de ratones mediante la implantación uterina de óvulos a los que se efectuó un trasplante de núcleo de células embrionarias. Y aunque existen dudas razonables acerca de si Illmensee realizó realmente los experimentos que describe en sus artículos, ningún experto duda que la metodología para el clonaje de embriones de mamíferos llegará a desarrollarse pronto o tarde.

La construcción de un organismo humano perfeccionado mediante una combinación de las técnicas de ingeniería genética y fertilización externa es otro posible logro que puede contemplarse para un futuro no muy lejano. En esta técnica se sustentan las esperanzas de algunos para lograr eliminar o compensar en la progenie algunas de las anomalías congénitas conocidas como causa de enfermedad, retraso mental o muerte precoz, de las que sus padres son portadores. Sin embargo, existe el riesgo de su utilización irresponsable para la fabricación de *monstruos perfectos* por algún apacible doctor Frankenstein.

□ SACRAMENTO MARTÍ Y
ÁNGEL PESTAÑA
El País, España

ANTES DE LEER

Notas explicativas

bebé probeta *(m)* nombre que se da al bebé nacido como resultado de fertilización externa. Una probeta es un tubo de vidrio, cerrado por un extremo, que sirve para experimentos químicos.

implantación uterina *(f)* relativo a implantar un embrión en el útero
oocito *(m)* célula femenina después de fecundada
clonaje *(m)* reproducción

Vocabulario

vicisitud *(f)* falta de estabilidad de hechos prósperos y adversos
en torno a con relación a
informática *(f)* la ciencia de la computación
telemática *(f)* transmisión
alumbramiento *(m)* nacimiento
transcurrir pasar (tiempo)
terreno *(m)* campo
sobrevivencia *(f)* relativo a sobrevivir o seguir con vida
vaticinar pronosticar
crioconservación *(f)* relativo a criar y conservar
ingenuo cándido
quedar embarazada quedar encinta o preñada
advertir hacer una advertencia, prevenir
desbordar sobrepasar, exceder
angustia *(f)* ansiedad
abordar emprender un asunto difícil
anhelo *(m)* deseo
puesta en entredicho puesta en duda
misoginia *(f)* aversión a las mujeres
anatema *(m/f)* censura, estigma
contados casos pocos casos
caprichoso que obedece a un capricho o deseo impulsivo
precursor que precede, que se adelanta

agropecuario relativo a los campos y al ganado
superdotado con inteligencia sobre lo normal
recogido en este contexto, publicado y difundido
empeñado en decidido a, resuelto a
heredabilidad *(f)* relativo a la herencia, a la genética
eugenésico relativo a la eugenesia, aplicación de las leyes biológicas al perfeccionamiento de la especie humana
cobayo *(m)* conejillo de indias, persona con la que se experimenta (por ejemplo un medicamento)
pujante con pujanza, con fuerza; fuerte
meritocrático relativo a la meritocracia, con dominio de personas seleccionadas de acuerdo al mérito
mentor persona que sirve de guía o consejera; líder
psicómetra persona que mide o evalúa caracteres psíquicos (por ejemplo la inteligencia)
infradotado con inteligencia bajo lo normal
estribar consistir

manada *(f)* literalmente, conjunto de animales; en este contexto, de personas

tarado persona que presenta una tara o un defecto

rebasar sobrepasar, exceder

desviado persona que presenta una desviación de carácter sexual

devenir suceder, sobrevenir

concurso *(m)* en este contexto, asistencia o ayuda

anfibio *(m)* animal que habita en el agua y en la tierra

superhembra *(f)* hembra (mujer) con características superiores a las demás

dadora relativo a dar, que da

misógino el que tenga aversión a las mujeres

sustentarse basarse

progenie *(f)* descendencia, la generación futura

apacible tranquilo

El tema y tú

¿Has oído hablar de la fertilización o fecundación externa, llamada también fertilización *in vitro*? ¿Qué es? Comenta la respuesta con tus compañeros.

El texto que leerás a continuación te dará más información sobre el tema. Mientras leas, toma notas de los puntos principales:

a. La historia de la fertilización externa.

b. La comercialización de la fecundación externa.

c. Aumento de la demanda y razones.

d. Consideraciones de orden ético y legal; ejemplos.

DESPUÉS DE LEER

Preguntas

1. ¿Cuándo y dónde nació el primer bebé producto de la fertilización externa?

2. ¿Qué influencia han tenido los mecanismos de mercado en el avance de la fertilización *in vitro*? ¿En Estados Unidos, por ejemplo?

3. Aparte de factores puramente económicos, ¿qué otras razones explican el aumento de la demanda de fertilización externa?

4. Si consideramos las razones dadas en la pregunta anterior, ¿qué objeciones éticas o legales plantean los autores del artículo en lo que respecta a algunas de ellas?

¿Qué opinas tú?

1. ¿Qué presiones de orden psicológico y/o social se pueden dar en una pareja estéril? ¿Crees que estas presiones afectan por igual al hombre y a la mujer? Explica y da ejemplos si es posible.

2. ¿Estarías de acuerdo en que una pareja que no puede tener hijos de otra manera recurra a la fertilización externa? Explica tu postura al respecto y coméntala con tus compañeros.

Actividades de grupo

En un grupo de tres o cuatro, analiza los aspectos positivos y negativos de la fertilización externa, concretamente, los siguientes:

a. El uso de la fecundación *in vitro* en caso de parejas estériles. ¿Aceptable, reprobable . . . ? ¿Por qué?

b. El uso de la fecundación *in vitro* para predeterminar el sexo del futuro hijo. ¿Aceptable, reprobable . . . ? ¿Por qué?

c. El uso de la fecundación *in vitro* para crear seres con características físicas y/o psicológicas determinadas. Por ejemplo, color de la piel, belleza física, inteligencia (si se acepta que ésta sea genéticamente determinada), etc. ¿Aceptable, reprobable . . . ? ¿Por qué?

d. El uso de la fecundación *in vitro* para eliminar anomalías o defectos que sean normalmente hereditarios. ¿Aceptable, reprobable . . . ? ¿Por qué?

Terminado el debate, uno o dos miembros del grupo presentarán las principales ideas y conclusiones al resto de la clase.

Redacción

Resume las ideas más importantes del grupo en que participaste, incluyendo las conclusiones.

SALUD

El descanso y el sueño regulares son indispensables para que nuestro organismo funcione adecuadamente y responda a las exigencias del diario vivir. El artículo que sigue da algunas recomendaciones para beneficiarnos mejor del sueño nocturno.

¡QUÉ SUEÑO!

Cada persona debe tratar de dormir lo mejor posible y a su manera.

Para que el organismo humano funcione sin dificultades en los momentos de mayor actividad física es necesario cuidar al máximo las condiciones del descanso y sobre todo las horas empleadas en el sueño. Puede suceder que nuestro sistema nervioso se halle normalmente en un alto estado de excitación en las horas anteriores al sueño debido al estrés acumulado durante el día, originando el irritante insomnio. Para evitar este hecho es conveniente desconectarse previamente de toda actividad y evitar cualquier estímulo. Una hora prudencial para iniciar la relajación puede ser las ocho de la tarde, y una manera de hacerlo sería dejarse llevar por la lectura de un libro ameno o alguna música suave. Reafirmando estos planteamientos, los doctores José Luis Marín López y Javier Fernández Soriano, pertenecientes al Instituto Español de Medicina Psicosomática, estiman que el mejor sistema para conseguir un sueño relajado y profundo es no crearse normas de ningún tipo a la hora de acostarse.

Hay personas que emplean numerosos recursos con el objeto de dormir cómodamente (el baño de agua tibia con sales minerales, beber un vaso de leche caliente o una tisana, lavarse las fosas nasales con agua y sal o cepillarse bien los dientes), y ello no quiere decir que estén equivocados; más aún, estos apaños suelen ser beneficiosos para el sueño desde el punto de vista psicosomático, pero no le afectan en absoluto. No obstante, si bien cada persona debe tratar de dormir lo mejor posible y a su manera, sin darle muchas vueltas en la cabeza a éstas y otras cosas, sí deben tenerse en cuenta unas pautas higiénicas fundamentales a la hora del sueño.

En primer lugar, es importante acostarse únicamente cuando se sienta somnolencia. Si una vez acostado no se logra conciliar el sueño, es mejor levantarse y realizar alguna tarea hasta que la somnolencia se apodere de uno. Esta regla debe repetirse cuantas veces sean necesarias. Es importante despertarse siempre a la misma hora, sin tener en cuenta el tiempo que hayamos dormido. Se recomienda no dormir la siesta, para tener así una mejor actitud a la hora del sueño nocturno.

Respirar bien y relajar el cuerpo

Una de las mejores formas de relajación para entrar en la vigilia del sueño es sin duda la de acostarse y dejarse llevar por el peso del propio cuerpo. Éste debe quedar como muerto o desplomado, con las piernas y los brazos ligeramente abiertos y separados. En este punto, y sirviéndonos de las técnicas del yoga, comenzaremos a respirar profundamente, tratando de concentrarnos en la respiración y en cada grupo muscular por separado. Intentaremos relajar los músculos uno tras otro, empezando por los de la cara (abrir ligeramente la boca y dejar caer la mandí-

bula, ojos, orejas, sienes, etcétera) y hasta que completemos las partes más significativas del cuerpo. Hemos de procurar que la espiración dure el doble que la aspiración y que ambas sean lentas y profundas. A través de esta técnica, bien hecha, es fácil penetrar poco a poco en un apacible aletargamiento. Pero también se pueden realizar unos suaves ejercicios antes de acostarse.

Uno de ellos sería: en posición de pie, levantar los brazos a la altura de los hombros y seguidamente hacer pequeños círculos hacia adelante y hacia atrás. Este ejercicio relaja los músculos de la espalda. Otro podría ser el siguiente: tumbados en la cama o en la alfombra, flexionar las piernas y apretar los muslos contra el estómago ayudados por los brazos, esforzándonos en tocar las rodillas con la frente. Mediante este ejercicio se relajan los músculos del cuello, que son los de la agresividad, así como la zona de la nuca y las vísceras del estómago.

Sin embargo, no es nada recomendable llevar a cabo ejercicios enérgicos horas antes de acostarse, como jugar al tenis o al baloncesto. Los músculos del cuerpo quedan fatigados, pero el cerebro permanece muy activo en estos casos. Lo que tampoco beneficia el sueño es algo tan común como ver la televisión o escuchar la radio poco antes de irse a dormir, sobre todo si los programas que nos ofrecen son excitantes, pues se producen estados de tensión. No se debe comer antes de acostarse ni tomar estimulantes (alcohol, tabaco, bebidas de coca o fármacos).

Una medida higiénica sustancial consiste en evitar los extremos del sueño, es decir, dormir excesivamente o muy poco; unas siete u ocho horas diarias es un buen promedio. Los horarios regulares deben cuidarse al máximo, y por ello no es bueno dormir en demasía los fines de semana ni tratar de forzar el sueño, dado que se somete al cerebro a una constante ansiedad. Los aspectos ambientales son también trascendentes a la hora de calibrar la calidad del sueño. El ruido es muy perjudicial. En este sentido es conocido el insomnio de los empleados de discotecas, al tener que soportar un elevado volumen de sonido hasta altas horas de la noche. Otro aspecto interesante es la humedad. Conviene mantener siempre un recipiente con agua en la habitación para evitar el ambiente seco o el exceso de calefacción. En estos casos resulta beneficioso dormir con alguna ventana entreabierta, de modo que la temperatura oscile sobre los 18 grados durante el sueño. El tipo de cama es otro de los factores significativos que influyen decisivamente en un buen reposo. Lo ideal es que el colchón sea duro y fino, y a ser posible que se coloque sobre una tabla. Puede resultar muy oportuno deshacerse de los somieres, ya que suelen perjudicar enormemente la normal posición horizontal de la columna. La almohada será también fina, para que el eje de la columna vertebral no se altere en exceso.

En cuanto a las posturas, lo mejor es que cada uno duerma a su antojo, sin preocuparse de si una posición determinada es más adecuada o no que otra, porque ello puede afectar igualmente a la ansiedad. Sí que es muy reconfortante cambiar de postura durante el sueño. Algunos médicos naturistas aconsejan dormir con el eje de orientación en el sentido del meridiano, es decir, la cabeza hacia el norte y los pies hacia el sur. Otros estiman que pueden perjudicar al sueño las interferencias magnéticas, lo cual quiere indicar que no se debe dormir cerca de muebles u otros aparatos metálicos. No obstante, estas apreciaciones parecen entrar más bien dentro de un campo psicosomático.

Se recomienda no dormir la siesta, para tener así una mejor actitud a la hora del sueño nocturno.

□ TASIO CAMIÑAS
Revista *El País Semanal*,
España

ANTES DE LEER

Notas explicativas

darle vueltas en la cabeza a algo pensar mucho en algo

bebida de coca (f) relativo a ciertos refrescos

a su antojo como uno quiera

médico naturista (m) médico que practica la medicina natural, a base de hierbas y otros productos naturales

Vocabulario

prudencial prudente, apropiada

ameno interesante

tibia ni fría ni caliente

tisana (f) infusión hecha a base de hierbas

fosas nasales (f/pl) cavidades de la nariz

apaño (m) en este contexto, forma de proceder

somnolencia (f) sueño, fatiga

conciliar el sueño dormir

desplomado caído, inerte, como sin vida

mandíbula (f) cada una de las dos piezas, superior e inferior, que limitan la boca y en las cuales están los dientes

sien (f) parte lateral de la frente

espiración (f) expeler el aire aspirado

apacible tranquilo

aletargamiento (m) adormecimiento

tumbado acostado

flexionar doblar

apretar presionar

muslo (m) parte de la pierna que está más arriba de la rodilla

nuca (f) parte posterior, superior del cuello

fármaco (m) medicamento, medicina

en demasía en exceso, excesivamente

calibrar medir

perjudicial dañino

reposo (m) descanso

somier (m) estructura sobre la que descansa el colchón

perjudicar dañar

El tema y tú

Antes de leer el artículo considera tus propios hábitos con relación al sueño:

a. ¿Cuántas horas duermes diariamente por lo general?

b. ¿A qué hora te acuestas normalmente?

c. ¿A qué hora te sueles levantar?

d. ¿Duermes durante el día?

e. ¿Tienes dificultades en dormirte por la noche?

Comenta las respuestas con un compañero o compañera. Luego lee el artículo y podrás comparar tus propios hábitos con relación al sueño con las recomendaciones dadas.

DESPUÉS DE LEER

Preguntas

1. ¿Qué sugiere el autor del artículo que se haga antes de dormir para evitar el insomnio?

2. ¿Qué aconseja el artículo que se haga cuando, una vez acostado, no se puede dormir?

3. El artículo da dos ejemplos de ejercicios que se pueden realizar antes de acostarse. ¿Podrías describir uno de ellos?

4. ¿Qué recomienda el artículo con relación a: la duración del sueño, el ambiente donde se va a dormir, el grado de humedad, el tipo de cama, las posturas? Resume en pocas palabras cada recomendación.

¿Qué opinas tú?

Ahora que has leído las recomendaciones dadas en el artículo con relación al sueño, ¿qué opinas sobre tus propios hábitos al respecto? Haz una comparación entre lo recomendado por el autor y tus propias costumbres y luego coméntalo con otro compañero o compañera o con tu profesor/a.

Actividades de grupo

1. En grupos de tres o más, los estudiantes pondrán en práctica el ejercicio de relajación y los otros ejercicios físicos que se sugieren en el artículo, además de otros que puedan conocer. Un estudiante hará de instructor, mientras los otros realizan el ejercicio, paso a paso, siguiendo las instrucciones dadas, por ejemplo: respiren profundamente . . . , intenten relajar los músculos . . . etcétera. Una vez terminado el ejercicio se realizará otro, representando otro estudiante el papel de instructor.

2. El siguiente ejercicio—la representación de una visita al médico—se hará en parejas.

Un estudiante será el paciente y le explica a su médico que ha estado sufriendo de insomnio, debido a una situación de mucho estrés (por ejemplo, exámenes, problemas de índole sentimental). Ha hecho todo lo posible por combatirlo (hay que explicar cómo), pero sin resultados positivos. Esto ha afectado sus estudios, su trabajo y sus relaciones con los demás. ¿Qué hacer? El médico preguntará sobre la razón de la visita, oirá lo que su paciente le cuenta, querrá saber sobre las causas de su insomnio y finalmente hará algunas recomendaciones. El médico no cree en el uso de fármacos para dormir, por lo tanto dará consejos para que el paciente se tranquilice y se relaje, recomendándole entre otras cosas algún ejercicio de relajación.

Redacción

Haz una investigación sobre los hábitos relacionados con el sueño de los que te rodean: tu familia, tus amigos, algunos de tus compañeros. Prepara primero un cuestionario sobre lo que te interesa saber, por ejemplo, el número de horas que duermen, la hora a que se acuestan y se levantan, prácticas especiales para conciliar el sueño, etcétera. Las preguntas las podrás hacer en tu propio idioma (o en español si se trata de tus compañeros), y con las respuestas podrás preparar un informe escrito en español sobre los hábitos de sueño de los encuestados.

La lucha contra el tráfico y consumo de drogas se ha intensificado, pero a pesar de todos los esfuerzos el problema persiste. Los países consumidores culpan a los productores y éstos a su vez a los países ricos donde la demanda ha aumentado. Muchas son las soluciones que se han dado para combatir el problema. En el artículo que leerás a continuación se mencionan algunas de ellas.

CUANDO LA CONFUSIÓN DECIDE

¿Acabarán las drogas con las sociedades industrializadas o pasarán de moda?

De bandazo en bandazo y de fracaso en fracaso, la política occidental contra la droga se muestra más atolondrada que nunca.

Unos proponen legalizarla y otros piden poco menos que la pena de muerte para quienes la consumen . . . Unos dicen que los responsables son los países que la producen y otros afirman que la culpa es de los países que la compran . . . Unos sostienen que acabará con las sociedades industrializadas y otros pronostican que muy pronto pasará de moda . . . Pero lo más sorprendente es que casi todos están de acuerdo en que la droga es nociva y es preciso acabar con ella.

Tal vez no existe ningún otro tema moderno de interés social sobre el que exista tanta confusión, tantos puntos de vista enfrentados, tantas contradicciones, tanta ignorancia, tanta hipocresía y tanto desconcierto como el del consumo, tráfico y producción de drogas.

El último fracaso

Lo indiscutible es que si en algún tema han fracasado hasta ahora prácticamente todos los gobiernos occidentales—y algunos de los orientales—es en encontrar la política adecuada para acabar o, por lo menos, reducir el mercado de la droga.

Desbordados por el naufragio, los encargados de trazar las políticas contra la droga dan bandazos. En menos de 20 años se ha intentado una sucesión de fórmulas que alternativamente consideran al drogadicto como un hombre libre, como un enfermo y como un delincuente: autorizar el consumo y sancionar la producción y venta; castigar levemente el consumo y un poco más la producción y venta; y, últimamente, según lo proponen los partidarios socialistas de Italia y España, sancionar de manera drástica a todos: productores, consumidores y comerciantes.

Buscad el billete

La serenidad y la buena fe no han sido propiamente los ángeles custodios de este debate. Parte de la confusión radica en que los gobernantes aún no se han puesto de acuerdo acerca de si se trata de un problema técnico de salud pública, un problema jurídico–penal o un problema psicológico–social.

El problema es que no se trata de un solo problema sino de una amalgama de problemas. Pero quizá el de mayor peso es el que más se soslaya: la incidencia que tienen en todo esto las tercas leyes de la economía. Sí. Debajo de las discusiones científicas, filosóficas, jurídicas, morales y electorales se afirma el bulto inconmovible de las razones económicas. Es la primera vez en muchas décadas que

países pobres del Tercer Mundo encuentran un mercado ansioso, rico y creciente para productos suyos. Scott MacDonald, un banquero internacional, no sólo reconoce que "existe un vínculo directo entre el control de droga y la mejora en las infraestructuras políticas y económicas" de América latina, sino que ata la solución del problema de la droga al de la deuda externa. Según él, debería reducirse la deuda a los países que apoyen la lucha contra la droga. Cuando la verdad es que el círculo empieza por el lado opuesto: la penuria que ha tendido la deuda externa en muchos países ha arrojado a miles de personas al negocio de producir drogas.

Aunque esta solución, expuesta en su reciente libro *Dancing on a Volcano: the Latin American Drug Trade* ("Bailando en el volcán: el comercio de droga latinoamericana"), pueda ser discutible, tiene al menos el mérito de su franqueza.

¿Quién de los dos es culpable?

Esto, sin embargo, sólo empiezan a aceptarlo ahora los gobernantes que hasta hace poco consideraban a los países productores una especie de Imperio del Mal dispuesto a envenenar a sus inocentes chavales. Hace

falta conocer la situación de los campesinos que cultivan matas de coca o de marihuana para entender que no los inspira el diablo, sino el hambre. A principios de noviembre de este año, 100 agentes antinarcóticos colombianos cayeron sobre una zona selvática sembrada de coca y marihuana. Arrasar con las matas fue lo fácil; lo difícil fue enfrentar la realidad de 17.000 personas que quedaban sin una sola esperanza económica. Antes de regresar al helicóptero, uno de los agentes comentó a sus compañeros: "Dios, esta gente es muy pobre". Entonces, varios de los policías dieron a los abandonados campesinos sus propias y precarias raciones de alimentos.

Después de haber propuesto desde invasiones hasta bloqueos internacionales, los países consumidores de droga comienzan a darse cuenta de que el campo de batalla estaba mal escogido. Como escribió en mayo pasado Lester Thurow, decano de economía de la universidad norteamericana de MIT, "la guerra contra la droga no se ganará en las calles de Karachi o de Ciudad de México, sino en las calles de Nueva York y Los Angeles".

◻ Revista *Cambio 16*, España

ANTES DE LEER

Notas explicativas

de bandazo en bandazo
expresión idiomática que indica cambios repentinos y continuos de política, en este contexto la

política relativa al combate de la droga
chaval *(m)* en España, un muchacho o un chico

Vocabulario

atolondrada confusa
sostener opinar
pronosticar predecir el futuro
nociva dañina, que produce daño
enfrentados contrarios, opuestos
desconcierto *(m)* confusión
desbordados perdido el control (sentido figurado)
naufragio *(m)* desastre, fracaso (sentido figurado)
amalgama *(f)* variedad, serie de problemas distintos
soslayar no prestar atención, evitar
terco obstinado, intransigente
bulto *(m)* en este contexto *el peso,* algo que es importante

inconmovible que no se conmueve o inquieta, firme
vínculo *(m)* relación
atar relacionar
penuria *(f)* pobreza, escasez
discutible que se puede discutir o debatir
envenenar en este contexto matar, intoxicar
mata *(f)* planta
selvática relativo a la selva
arrasar destruir
decano *(m)* académico que ocupa el puesto principal en una facultad universitaria

El tema y tú ¿Crees que el consumo de drogas constituye un problema en tu ciudad o en tu país? Explica lo que sabes sobre esta situación y luego lee el artículo donde encontrarás más información general con respecto al problema de la droga.

DESPUÉS DE LEER

Preguntas

1. ¿Qué ideas contrarias se plantean en el artículo con respecto a la droga?
2. ¿Qué soluciones se han dado frente a la producción, venta y consumo de drogas?
3. ¿Qué relación se establece entre la economía de los países latinoamericanos y la producción y comercio de la droga?
4. ¿Qué ejemplo concreto se da en el artículo de cómo la destrucción de una plantación de coca y marihuana afectó a unos campesinos colombianos?

¿Qué opinas tú? ¿Crees que el problema de la producción, tráfico y consumo de drogas tendrá solución algún día? Expresa tu opinión.

Actividades de grupo En grupos de tres o cuatro los estudiantes debatirán el problema de la droga, analizando entre otros los siguientes aspectos:

a. El grado de culpabilidad de los países productores frente al problema y la responsabilidad de los gobiernos de esos países y las posibles soluciones.

b. El grado de culpabilidad de los países consumidores frente al problema y la responsabilidad de los gobiernos de esos países y las posibles soluciones.

c. Actuación de las autoridades y de la justicia frente a los traficantes de droga y las posibles medidas a tomar.

En el debate se tendrán en cuenta factores económicos, legales, educativos, relativos a la salud, etcétera. Al terminar, miembros del grupo harán una presentación oral de las principales ideas y conclusiones al resto de la clase.

Redacción El autor del artículo dice: "Pero lo más sorprendente es que casi todos están de acuerdo en que la droga es nociva y es preciso acabar con ella". Teniendo en cuenta lo que has leído y lo que ya sabías sobre el problema, escribe un artículo sobre los efectos nocivos de la droga y sobre cómo crees que se debería tratar al drogadicto: ¿como un enfermo o como un delincuente?

El estrés de la vida moderna y la depresión han producido un consumo alarmante de tranquilizantes y antidepresivos con consecuencias altamente nocivas para la salud. El problema, enfocado aquí desde la perspectiva argentina, afecta de modo igual a otros países. En el artículo que leerás a continuación se analiza detenidamente el problema, se establecen responsabilidades y se dan posibles soluciones.

LA RULETA RUSA DE LOS FRASQUITOS

El consumo récord de tranquilizantes y otros medicamentos revela no sólo el grado de ansiedad de los argentinos: pone al descubierto un hábito cotidiano, de consecuencias impredecibles, como es recetarse a espaldas del médico.

—¿Te queda Valium?

—Creo que no, pero puedo darte Librium.

—No, me gusta más el Valium. ¿Qué más hay en tu botiquín?

—Mogadán y Sorpax.

—Perfecto: dame uno de cada uno.

El personaje que responde "dame uno de cada uno" en la película *La decadencia del imperio americano* es un profesor universitario angustiado, que sufre de insomnio y trata de controlar su ansiedad recurriendo siempre al mismo truco: el cóctel de tranquilizantes. El otro personaje, el que ofrece el arsenal de su botiquín con tanta espontaneidad, no es un médico sino otro profesor angustiado. La escena transcurre en una casa de fin de semana, en las afueras de Montreal. Pero también se repite con una frecuencia alarmante en la Argentina, y no precisamente en el cine.

Las últimas cifras sobre consumo de medicamentos, especialmente tranquilizantes, indican que cada día hay más argentinos que recurren a las benzodiazepinas y otras drogas para enfrentar sus depresiones reales o imaginarias. Muchos, inclusive, se automedican durante meses o años hasta que quedan encadenados a las píldoras que originalmente iban a rescatarlos de la angustia.

Cada día las personas recurren a los tranquilizantes y otros medicamentos para enfrentar sus depresiones reales o imaginarias.

Otros buscan soluciones mágicas en las pastillas y, al no conseguirlas, reaccionan como un chico caprichoso: duplican las dosis una y otra vez en busca de un alivio cada vez más evasivo.

Médicos y farmacéuticos están de acuerdo en que la producción anual de tranquilizantes—más de 480 millones de unidades—ha aumentado hasta niveles preocupantes. La producción de analgésicos supera los 525 millones de comprimidos y, aunque las tabletas para adultos son las más vendidas, también el consumo infantil es muy elevado. Pero éstas no son cifras de fácil lectura para el común de la gente. Ayudan, en todo caso, a diagnosticar un comportamiento peligroso de la sociedad, pero no son el diagnóstico mismo. La respuesta que importa, entonces, es qué significan estos números.

"Revelan una personalidad adictógena en la sociedad argentina y demuestran que con mucha frecuencia un psicofármaco no es más que una invitación a otro psicofármaco", afirma el doctor Manuel Luis Martí, profesor adjunto de Medicina Interna de la Universidad de Buenos Aires. La automedicación, según él, es un fenómeno bastante común en el país y se extiende a drogas de todo tipo. "Analgésicos como la Cafiaspirina o la aspirina se han convertido en los antidepresivos baratos de las amas de casa y se recurre a ellos como si fuesen una panacea. La gente se olvida de que como cualquier otro medicamento tienen efectos positivos y negativos; cuando los analgésicos actúan combinados con cafeína provocan un cierto estímulo que con el uso puede generar costumbre. Hay personas que empiezan al día con dos analgésicos, les duela la cabeza o no. Muchos compran cajas de 100 unidades, lo que indica claramente cuáles son sus intenciones".

Dos de las actitudes básicas del que se automedica son la falta de respeto por las drogas y el querer controlar cualquier síntoma con una pastilla y un vaso de agua. Desde que las benzodiazepinas se convirtieron en la familia de tranquilizantes más utilizada en el país y el mundo (alrededor del 80 por ciento de las recetas), legiones de personas creyeron que por fin tenían al alcance de la mano una droga sin efectos colaterales desagradables. "En dosis adecuadas—aclara Martí—es un grupo químico que produce tranquilidad sin sedación, sin disminuir la motilidad ni la capacidad intelectual. El riesgo de aumentar las dosis es que se incrementa el poder adictógeno de la droga al mismo tiempo que disminuyen los reflejos y la afectividad de quien la consume. Para decirlo rápidamente, puede provocar *estupidización*".

El aspecto menos conocido por el público y tal vez más inquietante de la adicción es que puede empezar antes de que el chico sepa hablar. Toda madre que medica al bebe a espaldas del pediatra o que repite las recetas sin consultarlo provoca una situación

potencialmente dramática en un doble sentido: pone en peligro la vida del lactante y, además, le crea un hábito. ¿A qué nuevos medicamentos o drogas recurrirá cuando crezca para calmar la dependencia que le han creado en la cuna? Es el comienzo de la espiral trágica, de una droga que llama a otra droga (por lo general más fuerte que la anterior).

La doctora Liliana Chamó, interventora del Centro Nacional de Rehabilitación y Recuperación Social (Cenareso), conoce muy bien este mecanismo de dependencia. Varios de los adolescentes que fueron bombardeados con medicamentos cuando todavía no sabían fumar, atarse los cordones o patear una pelota son hoy sus pacientes. Sólo que ya no son chicos y tampoco les basta con el jarabe para la tos o los calmantes infantiles. Al llegar al Cenareso ya habían pasado por la pesadilla de los psicotrópicos fuertes mezclados con alcohol o la cocaína.

"La madre que medica a su hijo por cualquier motivo le está dando un mensaje muy dañino—asegura la doctora Chamó—, y ese mensaje es que todos los problemas se resuelven con un fármaco. Le crean la ilusión de que hay una respuesta instantánea que viene en frasquitos y está disponible a toda hora. Hay chicos que a los 10 ó 12 años empiezan a experimentar con el botiquín familiar como un acto reflejo de lo que hacen los mayores. Un padre o una madre que vive tomando sedantes es un ejemplo peligroso". La intención de la doctora Chamó no es culpar exclusivamente a los padres por los hábitos de sus hijos. Los motivos que llevan a un adolescente a la automedicación y más tarde a la droga suelen ser más complejos y no siempre fáciles de rastrear. Lo que pretende es llamar la atención sobre la gran influencia que ejercen las respuestas familiares ante un adolescente confundido, que siente dolor o simplemente trata de comunicarse. "Hay padres que se sienten defraudados si no salen del consultorio con los bolsillos llenos de recetas—dice—; prefieren a los médicos que escriben mucho. Cuanto más escriben, más los respetan".

Algunos pacientes del Cenareso—la institución atiende unas 120 consultas por mes—son adolescentes de apenas 15 ó 17 años, pero que ya pasaron por varios centros de rehabilitación. En sus momentos de crisis y

ante la falta de un psicofármaco recurrieron a todas las sustancias que puede aconsejar la desesperación, incluyendo goma de pegar y productos elaborados sobre la base de hidrocarburos. Ninguno imaginó, seguramente, que el tobogán de la dependencia los iba a arrastrar a episodios tan degradantes. Porque una de las ilusiones que acompaña al mecanismo de adicción, especialmente en sus comienzos, es—paradójicamente—la sensación de autocontrol. La noción de que la voluntad es más fuerte que el deseo. Pero es, claro está, nada más que una ilusión.

"Nuestra experiencia indica que muchos adultos que hoy son adictos empezaron a consumir drogas poco tiempo después de ingresar en el colegio secundario—comenta el licenciado Rubén Ghía, del equipo médico del Cenareso—y con el tiempo fueron abandonando los psicofármacos que se venden con receta para pasar a las drogas ilegales. Es evidente que el ingreso en el secundario es una etapa emocionalmente desestabilizante, pero también es cierto que hay padres que no le prestan atención a los síntomas de ansiedad que muestran sus hijos durante esa etapa crítica de la adolescencia. Un error muy frecuente en este sentido es el del padre que, alarmado por las historias que lee en los diarios o ve en la televisión, trata de descubrir síntomas de consumo en su hijo, como manos temblorosas, ojos vidriosos, falta de apetito, etc., sin saber que esos síntomas son relativamente ocultables. Más útil es prestar atención a los problemas de conducta o de inserción familiar que puede tener el muchacho y que son los que a menudo lo llevan a la droga".

Éste es el motivo por el cual los tratamientos de rehabilitación se hacen habitualmente en familia. Sin embargo, a muchos padres les resulta difícil colaborar espontáneamente con los médicos. Mejor dicho, les cuesta aceptar que el núcleo familiar—ellos mismos, en definitiva—puede ser parte de la crisis emocional que alienta a un muchacho de 15 años a consumir psicofármacos. Para ellos la droga siempre había sido *un peligro externo,* un mal que acecha desde afuera.

La automedicación, como la dependencia, cuenta con un aliado formidable que hace más difícil el trabajo de los médicos: es el clima de privacidad, de intimidad si se quiere, en que se da la relación entre el adicto y la droga. Hasta que no estalla una crisis, sucede un *accidente* o el hábito es tan prolongado que provoca cambios perceptibles en el carácter, es casi imposible para un tercero observar una relación de este tipo. Por otra parte, el *affaire* con los psicofármacos puede ocurrir en la más absoluta legalidad. Adela L., una profesional de 31 años tratada en el Cenareso, se las ingenió para conseguir legalmente psicofármacos durante más de una década. ¿Su táctica? *Provocar* recetas en diferentes consultorios públicos y privados. ¿Cómo? Describiéndoles a los médicos síntomas de ansiedad, insomnio agudo y nerviosismo que le permitían salir de la consulta con la receta que buscaba. Después de 12 años de jugar a esta suerte de ruleta rusa tuvo que ser internada.

Otro caso dramático es el de Alicia M., una niña de un año y medio que fue tratada en la guardia del hospital Fernández con síntomas de intoxicación con drogas. Los médicos comprobaron el caso accidentalmente, cuando la madre, que estaba embarazada, fue a la guardia a hacer una consulta ginecológica. Después de un breve interrogatorio los médicos descubrieron la verdad. Para que no la molestara mientras limpiaba la casa, la madre le daba a Alicia dosis altas de Luminal, un medicamento que le habían recetado a ella. De no haber sido por los médicos, Alicia corría el riesgo de entrar en un coma profundo o de padecer serias dificultades respiratorias.

Cada vez que se habla de automedicación surgen preguntas sobre el verdadero papel que juegan los médicos y los farmacéuticos en todo este proceso. Las reacciones varían según los países y el grado de concientización de sus habitantes. En Inglaterra—donde hay entre 2 y 3 millones de adictos a los medicamentos—un centenar de abogados acaba de demandar a los médicos que atendían a sus clientes por no haberlos prevenido debidamente sobre los riesgos que corrían al consumir ciertas drogas. En los Estados Unidos las víctimas de tratamientos prolongados con benzodiazepinas han fundado la Trans Association para ayudar a otros pacientes con problemas de dependencia. La asociación atiende unas 1500 llamadas mensuales. Los franceses, que son los primeros consumidores mundiales de tranquilizantes, también están creando grupos de apoyo para asistir a pacientes en apuros.

En la Argentina, donde no existe una verdadera toma de conciencia sobre el problema, al menos en forma masiva, la misión de los farmacéuticos es cada vez más difícil. Están entre dos fuegos: por cada cliente que los acusa de ser demasiado benevolentes a la hora de vender psicofármacos, con receta o sin ella, hay otro que los considera excesivamente inflexibles con las prescripciones. La doctora Ana María Baggiani de Roses, jefa de farmacia del hospital Posadas y dueña de una farmacia en el barrio de Floresta, advierte que no es aconsejable hacer generalizaciones cuando se toca el tema.

"Tenemos que aceptar el hecho de que la venta de medicamentos sin receta es masiva—cuenta—y además, en muchos casos, por costumbre, tampoco se exige la prescripción cuando se trata de antigripales, antiespasmódicos, digestivos o antipiréticos. Cuando entran en una farmacia la mitad de los clientes ya saben qué es lo que van a comprar; la otra mitad le pide consejos a la persona que lo atiende, lo cual no quiere decir que siempre los obedezca. El problema es que la mayoría de las farmacias no están atendidas por farmacéuticos. En muchos casos, el dueño del negocio le paga un honorario a un profesional para que firme diariamente el libro recetario como lo exige el Ministerio de Salud y Acción Social, pero ésa es una tarea que le demanda unos cinco minutos por día. El resto del tiempo el público es atendido por los empleados".

Aunque no está de acuerdo con parte de la legislación que en estos momentos regula la venta de drogas, la doctora Roses insiste en que en esa área hay mucho por hacer para controlar el fenómeno de la automedicación. Por ejemplo, prohibir que quioscos y supermercados puedan vender libremente productos no recetados, o exigir que haya un farmacéutico del otro lado del mostrador durante el horario de atención al público o limitar más aún el número de productos de venta libre. Pero más importante que un paquete de leyes, según ella, es que los argentinos cambien de actitud frente a los medicamentos y los empiecen a tomar en serio. Porque el botiquín no es la caja de Pandora ni las recetas, los nuevos mandamientos.

☐ HÉCTOR D'AMICO
Revista de *La Nación*
Buenos Aires, Argentina

ANTES DE LEER

Notas explicativas

benzodiazepina *(f)* medicamento utilizado como sedante o calmante
psicofármaco *(m)* fármaco o droga que actúa sobre la mente
profesor adjunto *(m)* profesor que acompaña a otro en su trabajo
estupidización *(f)* término no estándar derivado de *estupidez.*

El sentido de la frase es *puede hacer que la persona actúe de manera más estúpida, tonta o inepta.*
psicotrópico *(m)* droga que actúa sobre la mente
hidrocarburo *(m)* combinación de hidrógeno y carbono
tobogán *(m)* literalmente, construcción en forma de pista

inclinada que sirve para deslizarse y descender rápidamente; de ahí *el tobogán de la dependencia,* es decir el camino que lleva rápidamente a depender de los fármacos u otros productos que producen adicción

antigripal *(m)* medicamento contra la gripe o el resfriado

antiespasmódico *(m)* droga contra el espasmo, por ejemplo el espasmo gástrico

antipirético *(m)* medicamento que reduce la temperatura

Vocabulario

frasquito *(m)* diminutivo de frasco, especie de botella pequeña

poner al descubierto revelar, mostrar

cotidiano de todos los días

impredecible que no se puede predecir

recetarse consumir un medicamento sin prescripción, o receta, médica

botiquín *(m)* pequeño armario para los medicamentos y otros artículos que se encuentra normalmente en el cuarto de baño

truco *(m)* astucia, ardid

automedicarse autorrecetarse, consumir medicamentos sin prescripción médica

encadenados dependientes de (sentido figurado)

píldora *(f)* tableta, pastilla, comprimido

adictógena *(f)* relativo a la adicción

efectos colaterales *(m/pl)* efectos secundarios

motilidad *(f)* facultad de moverse

poder adictógeno *(m)* poder de adicción

lactante *(m)* bebé

cuna *(f)* cama para bebé

interventora *(f)* supervisora

cordón *(m)* cuerda pequeña y delgada para los zapatos

patear dar golpes con los pies

jarabe *(m)* bebida medicinal dulce, por ejemplo jarabe para la tos

culpar acusar, atribuir la culpa

rastrear descubrir

defraudado engañado, desilusionado

goma de pegar substancia adhesiva que suelen inhalar algunas personas, especialmente jóvenes, y que actúa como droga

licenciado persona que ha obtenido un título universitario

desestabilizante que hace perder la estabilidad

vidrioso como el vidrio

alentar en este contexto, conducir

acechar amenazar

estallar explotar

se las ingenió se las arregló; pudo

padecer sufrir

en apuros con problemas, con dificultades

honorario *(m)* dinero que se paga a un profesional por sus servicios, por ejemplo a un farmacéutico o a un médico

libro recetario *(m)* libro donde quedan registradas las recetas expedidas

mandamiento *(m)* orden (sentido figurado)

El tema y tú

El siguiente artículo contiene abundante información sobre el uso indiscriminado de ciertos fármacos y la dependencia que suelen producir. Al leerlo, toma notas de los puntos principales, especialmente de los siguientes:

a. Tendencias relativas al uso de tranquilizantes y otros productos similares en la sociedad argentina.

b. Significado de la frase "una personalidad adictógena" con relación a la sociedad argentina.

c. Actitudes básicas de la persona que se automedica.

d. Peligros de la automedicación en el caso de los niños.

e. La automedicación en la Argentina y la misión de los farmacéuticos.

f. Soluciones para controlar el fenómeno de la automedicación.

DESPUÉS DE LEER

Preguntas

1. ¿Qué tendencias se observan actualmente en la Argentina con respecto al consumo de tranquilizantes?
2. ¿Qué quiere decir la frase "una personalidad adictógena" con respecto a la sociedad argentina?
3. ¿Qué actitudes frente a la droga tiene la persona que se automedica?
4. ¿Qué peligro existe en el aumento de las dosis de tranquilizantes?
5. ¿Qué peligros puede causar la automedicación de un bebé por parte de la madre?
6. ¿Por qué se dice en el artículo que los farmacéuticos argentinos están entre dos fuegos?
7. ¿Cuáles son algunas de las soluciones dadas por la doctora Roses para controlar la automedicación?

¿Qué opinas tú?

1. Según lo que has podido observar y teniendo en cuenta tu propia experiencia, ¿crees que exista excesiva dependencia con relación a ciertos medicamentos en la sociedad moderna? Explica y da ejemplos.
2. ¿Qué consejos le darías a una persona que recurre con frecuencia al uso de tranquilizantes contra el estado de ansiedad?

Actividades de grupo

En un grupo de tres o cuatro, analiza lo siguiente:

a. Algunos de los factores que, en tu opinión, pueden contribuir a crear en las personas estados de ansiedad y depresión. La discusión se podrá centrar en aspectos culturales de tu propia sociedad, por ejemplo el espíritu de competencia, el deseo de éxito en los estudios o en el trabajo. Puedes relatar algunas de tus propias experiencias al respecto.

b. Las actitudes y acciones para hacer frente a los estados de ansiedad y depresión sin recurrir al uso de medicamentos (por ejemplo, adopción de ciertas actitudes mentales, relajación, práctica deportiva, contacto con otras personas, medicina alternativa, etcétera).

Finalizado el análisis miembros del grupo resumirán oralmente las ideas principales para el resto de la clase.

Redacción

Un amigo o amiga de habla española te ha escrito contándote un problema personal que le ha causado mucha ansiedad y depresión (por ejemplo, la suspensión de un examen, la pérdida de un trabajo, el término de una relación). Contesta su carta dándole consejos para superar su problema.

La relación que pueda existir entre enfermedad y desempleo ha sido objeto de varios estudios. Uno de ellos es el realizado en Alemania por el profesor Heinz Häfner que, sin llegar a establecer de forma definitiva una relación causa-efecto entre pérdida del puesto de trabajo y enfermedad, sí apunta a algunos factores que, dadas ciertas circunstancias, podrían contribuir a que un individuo se vea más afectado que otro física o emocionalmente frente a la pérdida del empleo.

ENFERMEDAD Y DESEMPLEO

Suele estar muy generalizada la creencia de que el estado de salud del individuo está vinculado indisolublemente para bien o para mal, con la práctica regular de una profesión, y que la pérdida del trabajo da lugar a daños físicos y síquicos. Pero esta categórica formulación no es confirmada por los datos recopilados por la ciencia empírica.

En un estudio todavía no publicado, el profesor Heinz Häfner, del Instituto Central de Higiene Síquica, Mannheim, supone que esta extendida opinión sobre las posibles repercusiones del desempleo para la salud se remonta al período entre las dos guerras mundiales. Porque en aquel entonces, durante la crisis económica mundial a partir de 1929, cuando el desempleo aumentó bruscamente, se incrementó con la misma rapidez el número de los suicidios. También entre 1979 y 1985 pudo constatarse todavía en los países de la Comunidad Europea una cierta vinculación entre el paro y la frecuencia de suicidios, pero no en el caso de la República Federal de Alemania.

Los datos recopilados no permiten generalizaciones. En algunos países, como en Gran Bretaña, el índice de suicidios en una ocasión se mantuvo paralelo con el aumento del desempleo, pero en otra fue completamente opuesto. En otros casos se comprobó que el incremento de los suicidios se concentraba en un grupo determinado de los parados. Así, por ejemplo, en Italia se registró una enorme frecuencia de suicidios entre hombres desempleados—pero no entre las mujeres. Los datos numéricos a nivel internacional, bastante deficientes en general, parecen corresponderse hasta cierto punto con la situación del mercado laboral, pero ello no puede aplicarse a la República Federal de Alemania, como demuestra Häfner con el resultado de su estudio.

Sigue siendo una incógnita cuál es la causa y cuál es el efecto. Porque es

La pérdida de un empleo puede producir depresión y otros malestares psíquicos y fisiológicos que es necesario tratar.

posible que el desempleo haga enfermar, pero también que la enfermedad haga perder el trabajo. Según Häfner, existe toda una serie de indicios que hablan a favor de la segunda posibilidad, como por ejemplo los estudios realizados en Gran Bretaña sobre los desempleados que intentaron suicidarse. Muchas de estas personas vivían solas o en centros estatales, padecían dolencias físicas o eran drogadictos, lo que implica una cierta carga debido a determinados factores de riesgo siquiátricos.

También en la República Federal se veían afectados un tanto por ciento indeterminado de nuevos parados por diversas dolencias al verse apartados de su trabajo. Existen publicaciones según las cuales la cifra de mortandad entre parados es entre un 20 y un 30 por ciento superior a la media de la población. En estos estudios se atribuye primordialmente el exceso de mortalidad a causas tales como suicidio, accidentes, dolencias cardíacas y de la circulación y cáncer, pero ninguno de ellos se ha ocupado sistemáticamente con la interdependencia porcentual entre enfermedad y desempleo como causa o efecto.

Los datos recopilados en Finlandia, por ejemplo, apuntan a una elevada cuota de esquizofrénicos, depresivos y alcohólicos entre los desempleados. Según Häfner, los estudios empíricos facilitan una serie de indicios de que muchos esquizofrénicos perdieron su trabajo como consecuencia de su dolencia, mientras que no se dispone de datos que confirmen el que la pérdida del puesto de trabajo haya hecho enloquecer. En lo que concierne al alcoholismo y las depresiones, sin embargo, sigue siendo una incógnita la vinculación entre causa y efecto. Porque los datos recopilados no confirman la creencia de que la persona que se queda sin trabajo destruye su salud con alcohol, nicotina o drogas.

Por otra parte, la respuesta a la cuestión de si puede perjudicar el paro a la salud física y síquica, y hasta qué punto, depende también de hasta qué punto apreciaban los concernidos su ocupación y lo que significó para su vida en general. Häfner sospecha que la pérdida del puesto de trabajo puede superarse tanto mejor si se ofrece un papel alternativo, como por ejemplo el de ama de casa. El apoyo social, por ejemplo de los familiares, puede ayudar también, al parecer, a superar lo peor. Por ello, sustenta Häfner, el que en la República Federal no pueda establecerse una vinculación entre el aumento del paro y crecientes índices de suicidio, se debe muy probablemente a la mejora de la situación material del desempleado.

A pesar de ello, añade el investigador de Mannheim, es innegable que el desempleo contribuye, al menos durante un largo período de tiempo, a crecientes irritaciones personales, cuyos síntomas y naturaleza son constatables sólo con enormes dificultades. En cualquier caso, no existe la menor duda de que los enfermos síquicos se ven especialmente concernidos por la pérdida de su puesto de trabajo.

☐ ROLF DEGEN
El Mundo, Caracas,
Venezuela

ANTES DE LEER

Notas explicativas

síquico síquico o psíquico: ambas formas se consideran correctas

Vocabulario

indisolublemente inseparablemente
recopilados recogidos, reunidos
se remonta a data de
constatar comprobar
vinculación *(f)* relación
paro desempleo
indicio *(m)* indicación, seña
padecer sufrir
carga *(f)* algo que causa molestia
mortandad *(f)* mortalidad

porcentual relativo al porcentaje
enloquecer volverse loco
concernidos aquellas personas que participaron en el estudio, aquéllos a quienes les concernía o correspondía
sustentar opinar
innegable que no se puede negar
constatable que se puede constatar o comprobar

El tema y tú

Antes de leer el artículo considera las siguientes preguntas relacionadas con el tema y comenta las respuestas con tus compañeros.

a. ¿De qué manera crees que puede afectar a un individuo la pérdida de un empleo?

b. ¿Qué circunstancias podrían hacer más difícil la situación?

c. ¿Conoces algún caso concreto?

Lee ahora el artículo y compara tus respuestas con los datos de los estudios sobre la relación enfermedad–desempleo.

DESPUÉS DE LEER

Preguntas

1. ¿Qué relación se pudo observar entre desempleo y suicidio durante la crisis económica de 1929 y en el período 1979–1985 en Europa?
2. Según los estudios, ¿qué caracterizaba a los británicos desempleados que intentaron suicidarse?
3. ¿Qué relaciones ha logrado establecer el profesor Häfner entre esquizofrenia y pérdida del puesto de trabajo?
4. Según Häfner, ¿qué factores pueden contribuir a superar de mejor manera la pérdida de un empleo?

¿Qué opinas tú?

¿Cómo reaccionarías frente a la pérdida de un trabajo que te agrada y consideras importante? Explica tu posible reacción e intercambia opiniones con un compañero o compañera.

Actividades de grupo

En parejas, los estudiantes interpretarán los siguientes papeles:

Al llegar a tu trabajo esta mañana encuentras una nota de tu jefe pidiéndote que pases por su despacho. Una vez allí y después de cierto preámbulo, tu jefe te explica que por razones económicas la empresa deberá reducir personal y que lamentablemente deberás dejar tu trabajo en el plazo de un mes. Te sorprende enormemente la noticia y pides explicaciones sobre por qué has sido uno de los afectados. Haces ver a tu jefe que siempre has respondido de manera ejemplar, has sido responsable, has dado todo por la empresa, etcétera. Para ti es una situación injusta. Además, debes pensar en tu familia, tus hijos, las cuotas del nuevo coche, la casa, etcétera. A pesar de tu insistencia tu jefe parece inconmovible. Optas por pedir una compensación y luego de cierto regateo llegas a un acuerdo económico.

Eres la jefa de una gran empresa. La crisis económica ha obligado a reducir el personal. En la selección del personal que será despedido has incluido a un empleado por el que no sientes mucha simpatía, aunque reconoces que profesionalmente se ha desempeñado bien. Hoy lo llamas a tu despacho y luego de un breve preámbulo (hablas del tiempo, de la crisis económica, etcétera), le das la noticia. Frente a su reacción tratas de dar explicaciones sobre por qué tendrás que despedirlo (por ejemplo en su departamento las ventas han bajado, ha bajado la productividad, se está gastando mucho dinero, hay exceso de personal, etcétera). Sabes que tendrás que darle una compensación económica y luego de una breve discusión llegas a un acuerdo. Tus últimas palabras son de aliento, de buenos deseos, de agradecimiento.

Redacción

Imagina que tú has sido el afectado o la afectada en la situación descrita anteriormente. Necesitas contarle tu problema a alguien. Le escribes a un amigo de habla española relatándole toda la situación, lo que te ha dicho tu jefe, lo que has respondido, el acuerdo a que han llegado y tu reacción frente a esta situación que consideras injusta.

La necesidad de ingerir alimentos en forma desmedida y persistente puede obedecer a diversas causas, algunas de ellas de orden psicológico, otras derivadas de alteraciones o problemas orgánicos.

TENER HAMBRE DESPUÉS DE COMER

En algunas personas los alimentos llegan a constituir una de sus prioridades vitales.

El apetito, deseo más o menos intenso de satisfacer la necesidad orgánica de alimentarse no siempre responde a unas pautas normales de comportamiento. Muchas personas experimentan una persistencia del apetito después de la ingestión de alimentos, sensación bastante lógica si se tiene en cuenta que el consumidor recibe a todas horas mensajes basados en una gran oferta de productos. Mensajes tanto visuales como sonoros, que estimulan las mucosas del estómago y las paredes musculares dando lugar a una sensación de hambre que en ocasiones refleja una simple ilusión. Realmente no suele tratarse de un apetito real, sino de

un deseo de probar todo aquello tan atractivo y apetitoso que presenta la publicidad. Si todos los casos fueran así, el problema no existiría como tal, ya que éste aparece cuando el deseo de comer persiste de forma continuada y veraz. ¿Puede llamarse enfermedad? En ciertas ocasiones sí. Las causas suelen ser tanto psicológicas como orgánicas. Con respecto a las primeras, las razones responden a una inmadurez emocional que lleva a la búsqueda de la gratificación por medio de la comida. En estas personas los alimentos llegan a constituir una de sus prioridades vitales. Otra causa, orgánica, pueden ser determinadas alteraciones hormonales,

que producen un desequilibrio del apetito humano al hacer que éste se incremente. Las dietas alimenticias adelgazantes, constituyen una de las causas de la aparición de este problema, ya que responden a una presión de las pautas estéticas de la época. Esta imposición hace que individuos de diferentes constituciones pretendan llegar a tener un cuerpo de parecidas dimensiones a los prototipos perfectos, olvidándose de sus posibilidades reales y optando por el uso de estrictas dietas. La presión que se siente en estas circunstancias es tal que, a menudo, tras una temporada durante la que se ha seguido un régimen severo, se produce un período de tiempo en que el apetito no se ve saciado. Es una respuesta emocional más que funcional. Entre las causas orgánicas se encuentran las personas que padecen úlceras y que necesitan comer cada dos o tres horas para aliviar la acidez con la ingestión de alimentos, las que han sido operadas del estómago y sufren de hipoglucemia, y todas las que, por alguna razón, experimentan un aumento de insulina en su organismo. Esto hace que el apetito aumente de forma automática, fenómeno que responde al nombre de hipoglucemia postprandial. En este caso el cuerpo mantiene los niveles de insulina más elevados de lo normal, se come demasiado, aumenta el peso y se llega a la obesidad. Cuando se alcanza esta situación es conveniente un cambio en los hábitos alimenticios, ya que por la mañana la sensación de hambre no aparece hasta el mediodía y a partir de entonces se mantiene de forma continuada.

Puede decirse que cualquier persona es propensa a experimentar un exceso de apetito en determinados períodos de tiempo, aunque es un fenómeno que responde más a personas mentalmente inmaduras, y físicamente, con tendencia a engordar. En ocasiones las personas delgadas también experimentan un apetito voraz, pero su constitución les lleva a transformar la energía ingerida en calor y no en grasa, de ahí que no lle-guen a tener graves problemas. Por el contrario, los individuos propensos a ganar peso pueden llegar a la obesidad y necesitar de largos tratamientos médicos basados en dietas y controles de alimentación.

Ante el exceso de peso u obesidad y sin olvidar que el especialista es quien debe asesorar correctamente el tratamiento adecuado, un buen remedio para frenar o evitar el aumento de peso es comenzar a disminuir en la dieta la ingestión de alimentos ricos en calorías, y aumentar el consumo de frutas y vegetales. A la hora de cambiar los hábitos alimenticios, hay que tener en cuenta que cuanto más se tarde en adelgazar, más tiempo costará luego coger peso de nuevo, por lo que resulta más rentable la paciencia que la obsesión por conseguirlo.

Por otra parte, con tiempo suficiente el médico llegará a conocer mejor a su paciente y tendrá la posibilidad de obtener mejores diagnósticos y resultados. Las modas estéticas imperantes y las presiones sociales que éstas conllevan deben quedar en segundo plano. No se trata de perder el mayor peso posible, sino de tener una silueta acorde con la propia constitución física. Los especialistas recomiendan comer repetidas veces y poca cantidad de alimentos cada vez, en lugar de hacerlo abundantemente dos o tres ocasiones al día. Conviene ingerir productos ligeros (vegetales, fruta, leche y yogur . . .) seis o siete veces al día, y carne y pescado en las comidas principales para saciar el apetito y coger el menor peso posible. También es aconsejable tomar un caramelo media hora antes de comer, pues, tal y como siempre han dicho las abuelas, esto disminuye el apetito.

Las consecuencias de no seguir un tratamiento en caso de apetito continuado y aumento de peso excesivo, son variadas; por ejemplo, psicológicamente se puede sufrir un complejo de inferioridad al no sentirse socialmente aceptado ni adaptado, lo que conduce a no querer salir a la calle y a comer más. Se puede considerar, casi, una cuestión de sadomasoquismo, ya que el sufrimiento está provocado por algo que se realiza de forma voluntaria. También se puede llegar a la bulimia comiendo de forma desmesurada para vomitar después lo ingerido, y a la hiperorexia nerviosa comiendo más de lo necesario por temor a enfermar. En este caso, la influencia socioeconómica es importante.

En cualquier caso el equilibrio mental y físico va a depender del comportamiento alimenticio, por lo que es mejor evitar las influencias de estímulos que no sean estrictamente necesarios.

□ Pilar Ramírez
Revista de la Salud, España

ANTES DE LEER

Notas explicativas

hipoglucemia *(f)* disminución de la cantidad normal de azúcar en la sangre

insulina *(f)* hormona que regula la cantidad de glucosa contenida en la sangre

hipoglucemia postprandial hipoglucemia caracterizada por un aumento de insulina en la sangre

Vocabulario

pauta *(f)* línea (sentido figurado)
mucosa *(f)* membrana de las cavidades interiores del cuerpo, en este caso del estómago
veraz verdadera
dieta adelgazante *(f)* dieta para adelgazar, para perder peso
saciado satisfecho
padecer sufrir de
engordar aumentar de peso

voraz que come mucho
propenso a con tendencia o inclinación a
coger peso subir de peso
imperante dominante
acorde con en armonía con
bulimia *(f)* hambre insaciable
hiperorexia *(f)* comer más de lo necesario

1. Antes de leer el artículo, considera tu propia situación frente al tema: ¿Crees que la cantidad de comida que ingieres diariamente es suficiente, insuficiente, excesiva, desmesurada? Explica e ilustra tu respuesta. Intercambia opiniones con tu profesor(a) y con tus compañeros.
2. ¿En algún momento te ha preocupado tu peso? ¿Por qué? ¿Qué has hecho al respecto?

DESPUÉS DE LEER

Preguntas

1. ¿De qué manera influye la publicidad en el comer, según el artículo?
2. Según el artículo, ¿qué efecto negativo pueden tener las dietas alimenticias adelgazantes?
3. ¿Qué causas orgánicas se mencionan para explicar la persistencia del apetito después de ingerir alimentos?
4. Según la autora, ¿qué consecuencias puede tener el no seguir un tratamiento en caso de apetito continuado?

¿Qué opinas tú?

1. Considera tus comentarios de la sección *El tema y tú*. ¿Hay alguna relación entre lo que mencionaste y lo que se dice en el artículo? ¿En qué puntos coinciden?
2. ¿Te identificas con algunas de las situaciones y problemas que se mencionan en el artículo? ¿Con cuáles, específicamente?
3. ¿Conoces el caso de una persona afectada por algunos de los problemas que se mencionan en el artículo? Explica el caso, sin que sea necesario decir de quién se trata.

Actividades de grupo

En un grupo de tres o cuatro, analiza la influencia de la publicidad en la ingestión más o menos constante de alimentos, y sus consecuencias para la salud mental y física del individuo que se deja llevar por los mensajes publicitarios. Considera la publicidad que se presenta a través de la televisión, la radio, la prensa y otros medios y da ejemplos concretos que ilustren la influencia que tal publicidad ejerce en muchos individuos.

Para ilustrar algunos de los puntos, algunos estudiantes podrán traer anuncios publicitarios de comidas y productos alimenticios en general.

Para culminar esta actividad, los estudiantes podrán preparar un breve informe escrito sobre el tema, el que se podrá exhibir junto a algunos de los anuncios publicitarios.

Redacción

Escribe un comentario sobre el tema que sigue: "La figura perfecta: una ilusión creada por la publicidad y la presión social".

Los dos artículos que siguen tratan de un mismo tema: la mala alimentación predominante en las sociedades industrializadas junto a los altos niveles de colesterol que se observan en gran parte de la población. El primero de los artículos, "El peligro oculto en nuestras arterias", enfoca el tema desde un punto de vista general. El segundo, "Devoradores de colesterol", analiza el problema desde la perspectiva infantil.

EL PELIGRO OCULTO EN NUESTRAS ARTERIAS

Somos lo que comemos.

El exceso de colesterol se ha convertido en uno de los síntomas más destacados de la mala salud de los habitantes de las sociedades desarrolladas. Su presencia es un aviso que debe tenerse en cuenta.

Cuando en una población el progreso y las condiciones de vida han alcanzado un determinado nivel, se produce un declinar en la mortalidad debida a enfermedades infecciosas y un aumento en la expectativa de vida

de las personas, pero entonces suelen aparecer una serie de circunstancias nuevas. Las enfermedades degenerativas—como por ejemplo la artrosis, la arterioesclerosis o el cáncer—pasan entonces a ser más prevalentes en la población. Cada vez es más evidente la influencia que una nutrición inadecuada tiene sobre la aparición de muchos de estos procesos degenerativos. No podía ser de otro modo puesto que lo que somos y lo que consumimos procede de un acto cotidiano pero definitivamente importante. La sabiduría popular ha acuñado frases como "la tumba se cava con los dientes" o "somos lo que comemos".

La ateromatosis—un tipo de arterioesclerosis, que consiste en el endurecimiento de las arterias—constituye una de las principales causas de mortalidad en los países desarrollados. Quien más quien menos, casi todos los que formamos la llamada civilización occidental, acumulamos inexorablemente con el paso de los años, fatídicos depósitos de grasa y plaquetas en el interior de las arterias, cuyo correcto calibre garantiza el adecuado aporte de sangre a todas nuestras células. Sin este vital flujo sanguíneo y dependiendo del diferente tipo de tejidos, la muerte celular es un fenómeno inapelable en cuestión de algunos minutos en las células más sensibles—como las neuronas—o de horas en los tejidos más resistentes.

Elegido por la naturaleza

Cuando estos depósitos llegan a obstaculizar el paso de sangre de forma importante—y para que ello ocurra la obstrucción debe superar habitualmente el 90% del calibre arterial—o bien cuando se desprende un fragmento de dichos depósitos, sobreviene la temida angina de pecho, el infarto de miocardio o la embolia cerebral. Así pues, durante muchos años la arterioesclerosis es silente, y cuando aparecen algunas de las manifestaciones mencionadas, la enfermedad se encuentra en un estado avanzado, y casi siempre es demasiado tarde para que las medidas profilácticas resulten eficaces. Por esta razón cada día se contempla como más adecuado la determinación del colesterol en las personas con riesgo acentuado, e incluso en los niños con antecedentes familiares claros de hipercolesterinemia. Este aspecto preventivo en la edad temprana era impensable hace pocos años. Hoy en Estados Unidos existen ya programas de control que plantean esta opción preventiva como rutinaria. Planteamiento que, aunque no es compartido por todos los profesionales, es un claro índice del grado de sensibilización que existe al respecto.

En las últimas décadas, los estudios epidemiológicos han permitido identificar ciertos factores de riesgo que, aunque no son necesariamente determinantes, sí se asocian a una mayor posibilidad de desarrollar arterioesclerosis o de padecer en mayor grado.

Afortunadamente, la mayoría de los factores de riesgo hasta ahora identificados—tabaco, hipertensión arterial, nivel elevado de colesterol, sedentarismo—son susceptibles de ser paliados mediante una actuación profiláctica o terapéutica.

El colesterol es un lípido o grasa, que ha sido elegido por la naturaleza para ser un constituyente esencial de las membranas de las células animales. Su estructura molecular de carácter bipolar—posee una parte que atrae al agua y otra que la repele—lo hace especialmente eficaz para esta función. Los vegetales poseen moléculas similares, pero carecen de colesterol. Como la mayor parte de las substancias que nuestro organismo necesita, el colesterol es sintetizado por nuestros sistemas enzimáticos. De hecho, aproximadamente el 40% del colesterol que posee un occidental medio procede de nuestra producción interna—que tiene lugar en el hígado—y el 60% restante del que ingiere con la dieta. Dado que las substancias grasas son poco solubles en agua—y por lo tanto en la sangre—el colesterol, como cualquiera otra grasa, debe ser transportado unido a proteínas que facilitan no sólo su solubilidad en el medio acuoso, sino también que alcance los lugares donde será utilizado, uniéndose a receptores específicos para estas proteínas en el tejido adiposo (graso), hígado, etc.

En los organismos superiores, el colesterol desempeña—aparte de la ya mencionada participación en la estructura de las membranas celulares—otras importantes funciones, como servir de base a la producción de las hormonas esteroides en las glándulas suprarrenales y en las gónadas, o para la producción de ácidos biliares en el hígado, que se utilizarán para dirigir las grasas que comemos. Sin embargo, estas vías metabólicas sólo permiten eliminar una limitada cantidad de colesterol; la bioquímica humana está mal dotada para zafarse de los efectos de un aporte excesivo de colesterol. El nivel de esta substancia que deberíamos considerar como deseable en nuestro medio debe ser inferior a los 200 mg. por decilitro de plasma. El nivel de 240 mg/dl se considera ya de alto riesgo, y por encima de éste deberían adoptarse medidas dietéticas y/o farmacológicas para reducirlo.

En nuestro país, donde la ingestión media de colesterol se sitúa en los 600–900 mg por persona y día, se consideran "normales" cifras de colesterol de hasta 200 mg/dl. Un individuo con esta cifra de colesterol tiene

Aproximadamente el 40% del colesterol de un occidental procede de la producción interna y el 60% procede de la dieta.

un riesgo de padecer cardiopatía isquémica tres veces superior que el de una persona que lo tenga de 150; y si es de 250 mg/dl, el riesgo es cinco veces superior, descontados por supuesto los efectos de los otros factores de riesgo. Como se ve, en este caso lo normal se aleja de lo óptimo. La normalidad tiene aquí un significado puramente estadístico.

La cantidad de colesterol que ingerimos no es el único factor determinante. Muchas personas con cifras elevadas no desarrollan enfermedad arterioesclerosa, y sí lo hacen, en cambio, personas con cifras de colesterol más bajas. Todos estos datos hacen pensar que existe sin lugar a dudas una susceptibilidad individual no sólo para tener un colesterol alto con una dieta determinada, sino también para desarrollar lesiones ateromatosas con una determinada cifra de colesterol, con independencia de los otros factores de riesgo.

□ DR. JORDI BARQUINERO
La Vanguardia, Barcelona

DEVORADORES DE COLESTEROL

Un reciente estudio realizado en Madrid indica que los niños de entre 5 y 12 años tienen niveles de colesterol superiores a los 170 miligramos, seguramente consecuencia del alto consumo de productos como bollos industriales y lo que popularmente se conoce como comida "basura", con alto contenido en grasas animales. Volver a la alimentación tradicional, rica en verduras, pescados, legumbres y aceites vegetales es la recomendación de los expertos.

Mientras en el país rey de la comida "basura", Estados Unidos, se ha entablado una seria lucha entre un millonario poco partidario de aquélla y la cadena de alimentación *McDonald's,* en España está aumentando cada vez más la preocupación por el cambio de los hábitos alimenticios, que ha llevado a un consumo excesivo de grasas animales en detrimento de una dieta tradicional rica en pescado, verdura, frutas, legumbres y aceite de oliva.

Más preocupante es, si cabe, el alto índice de colesterol detectado en los niños, grandes comedores de bollos industriales y comida "basura".

Un estudio del Hospital Clínico San Carlos y el Ayuntamiento de Madrid sobre los factores de riesgo de las enfermedades cardiovasculares señala que los niños de entre 5 y 12 años tienen unos niveles de colesterol bastante altos, de 172,5 miligramos en los niños y 174,8 miligramos en las niñas. Los índices son también bastante más elevados de lo normal en los adultos. En general, se considera que una persona mayor de 30 años no debería sobrepasar los 200/250 miligramos de colesterol en decilitro de sangre.

Este trabajo, cuya dirección corrió a cargo del doctor José Gutiérrez Fuentes, estaba destinado a prevenir las enfermedades cardiovasculares, responsables de más de la mitad de las muertes que se producen en España y cuya repercusión es cada vez mayor.

Los altos índices de colesterol, junto al tabaquismo y la hipertensión arterial, son los factores de riesgo que, según los expertos, están íntimamente relacionados con las enfermedades coronarias. A juicio del doctor Gutiérrez, la alta incidencia de estos tres factores que ha demostrado el estudio realizado sobre la población madrileña "hace presuponer que en un futuro inmediato vayamos padeciendo más y más tempranamente enfermedades cardiovasculares".

Entre las recomendaciones que se citan para prevenir este riesgo destaca el regreso a una dieta más equilibrada: menos grasas animales u otros productos que contengan mucho colesterol, menos sal y mayor consumo de alimentos ricos en almidón, frutas, legumbres, verdura, aceite de oliva o vegetal tipo maíz y girasol. Sin olvidarnos de controlar la obesidad, hacer ejercicio y eliminar, o al menos reducir, el consumo de tabaco.

□ Revista *Ciudadano,* España

ANTES DE LEER

Notas explicativas

"El peligro oculto en nuestras arterias"

artrosis *(f)* inflamación de las articulaciones, conocida también con el nombre de artritis

arterioesclerosis *(f)* endurecimiento de las arterias

ateromatosis *(f)* relativo a la formación de placas de grasa en las paredes arteriales

plaqueta *(f)* elemento celular de la sangre

neuronas *(f/pl)* conjunto de células nerviosas

angina de pecho *(f)* enfermedad del corazón que se manifiesta en crisis dolorosas y sensación de angustia

infarto de miocardio *(m)* lesión del corazón

embolia cerebral *(f)* obstrucción de un vaso en el cerebro por un coágulo que circula en la sangre

hipercolesterinemia *(f)* exceso de colesterol

hipertensión *(f)* tensión excesiva

enzimático relativo a la enzima, substancia orgánica soluble que actúa como catalizador en los procesos de metabolismo

hígado *(m)* víscera de color rojizo, que segrega la bilis

hormonas esteroides *(f/pl)* hormonas de naturaleza esteroide producidas en la corteza suprarrenal, por ejemplo la cortisona

glándulas suprarrenales *(f/pl)* glándulas situadas encima de los riñones

gónada *(f)* glándula productora de los gametos o células sexuales

cardiopatía isquémica *(f)* enfermedad del corazón

ateromatosas *ver* ateromatosis

"Devoradores de colesterol"

coronario relativo a las dos arterias que llevan la sangre al corazón

Vocabulario

"El peligro oculto en nuestras arterias"

acuñar una frase crear una frase

endurecimiento *(m)* hacerse o ponerse duro

fatídico siniestro, nefasto

calibre *(m)* diámetro

aporte *(m)* entrega

sanguíneo relativo a la sangre

inapelable inevitable, irremediable

silente silencioso

impensable inimaginable

bipolar de dos polos

acuoso relativo al agua

zafarse librarse

"Devoradores de colesterol"

bollo *(m)* panecillo que contiene, entre otros ingredientes, huevos y leche

comida "basura" *(f)* comida rápida y de mala calidad

entablar comenzar

cadena *(f)* grupo de tiendas que pertenecen a una misma empresa

tabaquismo *(m)* consumo excesivo de tabaco

almidón *(m)* substancia blanca y suave que se encuentra en ciertos productos alimenticios, por ejemplo en el arroz

girasol *(m)* planta de grandes flores amarillas que siempre miran al sol

El tema y tú

Antes de leer los artículos, piensa en tu propia dieta: ¿Crees que es sana? ¿Por qué? Comenta tu respuesta con tu profesor(a) y con tus compañeros.

DESPUÉS DE LEER

Preguntas

1. ¿Qué significan las frases "la tumba se cava con los dientes" o "somos lo que comemos", en el contexto del primer artículo?

2. Según el mismo artículo, ¿qué problemas puede originar la acumulación excesiva de colesterol en las arterias?

3. ¿A qué se deben los altos niveles de colesterol en los niños que revela el estudio hecho en Madrid y que se menciona en el artículo "Devoradores de colesterol"?

4. Aparte de los altos índices de colesterol, ¿qué otros factores de riesgo relacionados con enfermedades coronarias se mencionan en el segundo artículo?

5. ¿En qué consistiría una dieta equilibrada, según este artículo?

¿Qué opinas tú?

Según lo que has podido observar, ¿existen diferencias en lo que a dieta se refiere entre los distintos grupos socioeconómicos en tu país? ¿Entre grupos de distintas edades? ¿Entre grupos con distintos niveles de educación? ¿Entre distintos grupos étnicos? ¿En qué consisten esas diferencias? ¿Te parecen algunas de esas dietas más equilibradas y sanas que otras? Explica y comenta las respuestas con tu profesor(a) y con tus compañeros.

Actividades de grupo

En un grupo de tres o cuatro, analiza lo siguiente:

a. La proliferación de establecimientos de comida rápida o comida "basura". Causas que han llevado a este aumento.

b. Aparte de los problemas de salud que se mencionan en el artículo "Devoradores de colesterol", ¿qué otros problemas crea este tipo de establecimiento?

c. ¿Deberían las autoridades locales, por ejemplo los ayuntamientos o municipios, limitar el establecimiento de este tipo de negocios? (En algunos barrios de ciudades europeas de hecho se hace por razones de higiene y estética.)

d. ¿Deberían las autoridades sanitarias prevenir a los ciudadanos sobre los peligros del consumo de comida "basura"? ¿Cómo?

Los estudiantes podrán discutir otras ideas relacionadas con el tema, por ejemplo la publicidad que se hace a este tipo de establecimiento, alternativas a este tipo de negocios, etcétera. Miembros del grupo resumirán oralmente las principales ideas y conclusiones para el resto de la clase.

Redacción

La dieta mediterránea tradicional, "rica en pescado, verduras, frutas, legumbres y aceite de oliva" ha perdido popularidad frente a la aparición de establecimientos de comida rápida en las principales ciudades de España. Imagina que estás pasando un tiempo en una gran ciudad española donde has podido observar este hecho entre tus amistades. Escribe una carta a un periódico defendiendo la dieta tradicional y atacando la proliferación de establecimientos de comida "basura".

DEPORTES Y OCIO

ARTÍCULO 1: LOS DEPORTISTAS DEBEN TOMAR LAS FEDERACIONES

En esta entrevista con la Revista *Carta de España,* Coral Bistuer defiende los derechos de los deportistas, en especial los de los deportistas españoles indefensos y vulnerables y a menudo manipulados por quienes dirigen las federaciones deportivas.

LOS DEPORTISTAS DEBEN TOMAR LAS FEDERACIONES

Campeona de taekwondo y actriz publicitaria, Coral Bistuer se ha atrevido a alzar la voz en favor de los derechos de los deportistas españoles.

Un día casi por casualidad aparece por un gimnasio . . . Y a los diecisiete años había ganado ya el primer campeonato de Europa de taekwondo. Una carrera rápida y un estrellato que no ha llegado únicamente por el deporte. Coral Bistuer, una joven fuerte, guapa y agresiva—no sólo cuando hace llaves—saltó de los gimnasios a la publicidad, a la moda y, con esto de las televisiones privadas, casi al periodismo.

A pesar de su juventud presenta un currículum deportivo a todas luces envidiable: dos campeonatos del mundo, tres campeonatos de Europa, cinco campeonatos de España, una medalla olímpica, más de veinte veces internacional y a punto de conseguir el campeonato nacional de Estados Unidos durante el año que permaneció viviendo en ese país.

Todo en el mundo del taekwondo. Un deporte no de masas pero en el que España, curiosamente, se ha convertido en una de las grandes potencias internacionales. "España—dice Coral Bistuer—tiene uno de los equipos nacionales de taekwondo más importantes. Cualquier campeonato internacional que se precie ha de presentar a los equipos de Corea, España y Estados Unidos. Sin embargo, yo me temo que actualmente

Coral Bistuer, en foto de archivo, ardiente defensora de los derechos de los deportistas.

estamos durmiéndonos en los laureles. España tiene un equipo fuerte que necesita ser renovado porque existen demasiadas irregularidades que, poco a poco, van cansando a la gente".

Coral Bistuer ha sido de las pocas y pocos deportistas españoles que ha salido "gallito". Ella ha defendido a capa y espada su derecho a ejercer actividades al margen del deporte. Ello, unido a declaraciones comprometidas sobre algunos miembros de la directiva del equipo, le costó la expulsión del equipo nacional de taekwondo. Una situación que parece

haber mejorado para ella: ha vuelto al equipo. Sin embargo, "al final he sido yo la que ha perdido un año como competidora de élite".

—En general, los deportistas sois un colectivo bastante indefenso.

—Mucho. Yo he oído definirnos por parte de algún presidente como carne de cañón que se coge, se sirve y se tira . . . Resulta muy triste pensar que das los mejores años de tu vida al deporte. Y, si sobresales, vas a conseguir fama y algún dinero, pero tú, a cambio das ilusión, preparación física y lo mejor de ti, para que luego te tiren al final de la carrera. Eso es muy duro. El deportista tiene muchísimas obligaciones y muy pocos derechos.

—¿Estos problemas que sufrís los deportistas suceden en el resto del mundo? ¿Cómo es en Estados Unidos, por ejemplo, donde has vivido un año?

—Nosotros nos encontramos a años luz de los Estados Unidos. Allí el deportista es lo más importante, la mentalidad va enfocada para proporcionar todo al deportista . . . Aquí, por el contrario, vales en el momento en que sobresales y eres un número uno, pero nadie piensa en tu futuro; un futuro demasiado cercano por otra parte, y en el que la única salida—en demasiadas ocasiones—es poner un bar o cualquier negocio. No se mentaliza a los chavales para que compaginen el deporte y los estudios.

En Estados Unidos el deporte está en las universidades. Eso deberíamos fomentarlo aquí. Bueno, en principio ahora podemos felicitarnos porque el taekwondo acaba de entrar como deporte en la Universidad Complutense.

—En Estados Unidos, creo que participaste en el equipo nacional de taekwondo en ese país.

—Sí; en principio fui a estudiar inglés durante un año que perdí en España al suspender las pruebas de acceso al INEF (Instituto Nacional de Educación Física). Ante la "obligación" de pasar un "año sabático" en España, decidí, junto con mis padres, ir a Estados Unidos. Yo sabía decir "yes" y nada más, y los primeros meses fueron duros, pero fui buscándome la vida. Estaba en Washington, iba a clase cinco horas diarias y enseguida empecé en el equipo nacional de taekwondo de ese país.

—¿Y por qué no te quedaste allí?

—Es que España tira mucho. Yo me sentía allí muy bien. Me daban una beca para estudiar y vivir allí, vivir a cuerpo de rey, vamos. Sin embargo, mis padres están aquí, me sentía sola; allí siempre tienes que ser el número 1 y eso también me daba miedo. España tira mucho y el jamón, el chorizo y la tortilla de patatas se echan mucho de menos . . . Y, bueno, que son muy aburridos, muy buena gente, aunque no saben divertirse.

—Es decir, de repente perdonaste todos los malos ratos que te habían hecho pasar aquí . . .

—Sí. Aquí estamos diciendo que todo marcha fatal, que España es una birria, pero cuando estás fuera ¡que

Según la entrevistada, "vales en el momento en que sobresales y eres un número uno, pero nadie piensa en tu futuro".

nadie te toque España! Creo que en el fondo tenemos un trocito de alma de Quijote. Todo eso me hizo volver, a pesar de que mucha gente me recomendó que me quedase a vivir en Estados Unidos, porque tenía grandes e importantes posibilidades. Elegí mi país, mi gente.

—El caso es que, entre unas cosas y otras, en estos momentos estudias tercero de Derecho.

—Sí, y mi vida, después del deporte, la canalizaré hacia el Derecho . . .

—Derecho deportivo. ¿Defenderás a tus compañeros de esas injusticias que un deportista sufre, parece ser, tan a menudo?

—Me gustaría mucho ser abogado de los deportistas, a pesar de que la gente me augura que me moriría de hambre. Yo sé que para defender a los deportistas es preciso reestructurar el deporte desde la base. Eso ayudaría más al deporte que un abogado encargado de defenderlos. No me quiero convertir en un salvador del mundo; sin embargo, intentaré que nadie sufra lo que yo he sufrido en carne propia.

—¿Cuál es, en tu opinión, esa reestructuración que necesita el deporte español?

—Creo que en el momento en que las federaciones estén manejadas por deportistas, por gente que haya sudado la camiseta y no por tipos a los que gusta ir a comer, exhibir un puro y andar de fulanas por la noche—que es realmente a lo que van—; insisto, cuando estos tipos no sean los que deciden en las federaciones y lo hagamos nosotros, los deportistas, el

deporte español irá de otra forma. Yo creo que un deportista que haya padecido la falta de dinero, la falta de cariño de su federación, las patadas habituales, no repetiría esas actitudes. Estoy segura de que todo cambiará cuando los deportistas tomemos las federaciones.

Charlando y escuchando a Coral Bistuer da la sensación de que sufre de hiperactividad. Es un chorro de propuestas, ideas, pasiones. Resulta inevitable pensar que Coral piensa mientras conduce su coche y planea las vacaciones mientras friega los platos. Todo el día permanece activa: "Voy a clase por la mañana (de Derecho), al mediodía voy a trabajar, a dar las clases de *tae*. Después como. Vuelvo al colegio a dar clase, trabajo de nuevo, salgo y entreno. Además vivo sola y, claro, tengo que hacer la compra, la comida, la lavadora . . ."

Y esos trabajos alternativos de moda o publicidad que fueron el germen de sus problemas con el equipo nacional de taekwondo y que le han hecho perder un año de competidora de élite. "Cuando el taekwondo sea olímpico, en el año 1996, yo ya no podré participar, pero estaré en la Olimpiada a través de muchas chicas para las que yo soy un mito; los futbolistas quieren parecerse a Emilio (Butragueño); los baloncestistas, a Romay, y en el taekwondo femenino, muchas chicas quieren parecerse a mí, lo noto en el gimnasio. Ellas estarán en la Olimpiada del 96, yo estaré a través de ellas . . ."

☐ CARMEN GALLARDO
Revista *Carta de España*, España

ANTES DE LEER

Notas explicativas

taekwondo *(m)* deporte de origen coreano consistente en conjugar la patada o *tae* con el puñetazo o *kwon.*

a todas luces evidentemente

a punto de muy próxima a

dormirse en los laureles abandonarse después del triunfo

ha salido *"gallito"* ha sabido defenderse

ha defendido *a capa y espada* ha defendido con fuerza y tenacidad

carne de cañón en sentido figurado, que se puede utilizar y luego tirar

nos encontramos a años luz estamos muy por detrás

año sabático usado aquí sarcásticamente, un año sin hacer nada

fui buscándome la vida traté de adaptarme y sobrevivir

España tira mucho se echa de menos a España

vivir a cuerpo de rey vivir muy bien

todo marcha fatal todo funciona muy mal

una birria horrible y grotesco

¡que nadie te toque España! que nadie hable mal de España

tercero de Derecho tercer año de la carrera de Derecho

lo que he sufrido en carne propia lo que yo misma he sufrido

gente que haya sudado la camiseta en sentido figurado, gente que realmente haya hecho deporte

exhibir un puro fumar un puro

andar de fulanas andar con mujeres (despectivo)

las patadas en sentido figurado, los malos tratos

es un chorro de propuestas no cesa de proponer cosas, dar ideas, etcétera

tae forma abreviada para *taekwondo*

el germen de sus problemas el origen de sus problemas

Vocabulario

campeonato *(m)* competición

estrellato *(m)* en este contexto, éxito

llave *(f)* movimiento que se realiza al luchar para inmovilizar al contrario

que se precie que se considere importante; sentirse orgulloso de algo

al margen de no relacionadas con

colectivo *(m)* grupo de personas que ejercen una misma actividad

sobresalir destacarse

mentalizar preparar mentalmente, hacer que alguien tome conciencia de algo

chaval niño

compaginar conciliar

suspender las pruebas no aprobar los exámenes

beca *(f)* suma de dinero que da una institución a un estudiante para que pague sus estudios y tenga para vivir

vamos interjección que en este contexto sirve para poner énfasis sobre lo que se acaba de decir (muy frecuente en el habla coloquial en España)

chorizo *(m)* especie de salchicha española muy condimentada

mal rato *(m)* mal momento

en el fondo realmente

un trocito *(m)* diminutivo de un trozo, un pedazo

canalizar dirigir

augurar anunciar, predecir

manejadas dirigidas

tipo *(m)* individuo, persona (despectivo)

El tema y tú

En la siguiente entrevista, Coral Bistuer defiende los derechos de los deportistas, especialmente de los deportistas profesionales. ¿Qué derechos debe tener un deportista? ¿Qué facilidades debe otorgar la sociedad a quienes se dedican al deporte en forma profesional? Comenta esto con tus compañeros y luego considera las ideas expresadas por Coral Bistuer y compáralas con las tuyas.

DESPUÉS DE LEER

Preguntas

1. ¿Qué problemas señala la entrevistada con respecto al deporte español y a los deportistas en especial? Señala algunos de ellos.
2. ¿Por qué fue Coral Bistuer a los Estados Unidos?
3. ¿Qué comparación hace ella con relación al trato que reciben los deportistas en los Estados Unidos y en España?
4. ¿Qué espera hacer ella cuando obtenga el título de abogado?
5. ¿Qué reestructuración básica propone ella para el deporte español?

¿Qué opinas tú?

1. ¿Crees que en tu país los deportistas son bien considerados por la sociedad? ¿Crees que algunos son el foco de demasiada atención? ¿A qué se debe?
2. ¿Crees que los deportistas en tu país tienen las facilidades necesarias para ejercer su actividad? Considera por ejemplo tu propia ciudad. Comenta las respuestas con un compañero o compañera.

Actividades de grupo

1. En grupos de tres o cuatro los estudiantes analizarán las facilidades que las instituciones educacionales otorgan o debieran otorgar a los estudiantes que destacan en algún deporte y participan activamente en competiciones deportivas de cualquier tipo. ¿Consideran justo que los estudiantes deportistas tengan en ocasiones un trato especial? ¿Son suficientes y adecuadas las facilidades que se otorgan? ¿Qué otras podrían ofrecerse? Aquellos estudiantes que participen activamente en algún deporte podrán relatar sus propias experiencias y dificultades. Luego, miembros del grupo presentarán las principales ideas y conclusiones al resto de la clase.
2. Con otro compañero o compañera, crea un diálogo para la siguiente situación: Uno de tus profesores ha decidido realizar una prueba escrita el mismo día en que participarás en una importante competencia deportiva. Trata de convencerle de que aplace la prueba o que te permita realizarla en otra oportunidad. El profesor insistirá en que la prueba escrita tiene prioridad y finalmente tomará una decisión. ¿Qué decidirá? ¿Qué le dirás?

Redacción

Entrevista a un o una deportista dentro de tu escuela o universidad o fuera de ella (en español o en inglés), y pregúntale sobre su actividad, por ejemplo:

¿Qué deporte practica? ¿Cuándo comenzó a practicar este deporte? ¿Cuántas horas le dedica? ¿Considera que tiene suficientes facilidades para dedicarse a él? (lugares donde practica, horas exclusivas de dedicación, dinero suficiente para realizar esta actividad, etcétera) ¿Se ha encontrado con dificultades en su práctica deportiva? Con sus respuestas escribe un artículo relatando los aspectos más importantes.

La preocupación por mantenerse físicamente en forma parece acentuarse con la llegada del verano. Muchos recurren a prácticas deportivas casi olvidadas durante los meses de invierno y de actividad laboral. Pero hay que saber elegir bien el deporte que se practicará y, especialmente los adultos, deberán tomar ciertas precauciones. La buena alimentación es también un factor a considerar.

CLAVES PARA ESTAR EN FORMA

El footing y el ciclismo son dos deportes populares que le ponen a uno en forma.

La proximidad del verano propicia las prácticas deportivas. Hombres y mujeres que durante el resto del año olvidan el ejercicio, se afanan ahora por conseguir en pocos días mejorar su aspecto, sin tener en cuenta determinadas precauciones para no someter al organismo a ejercicios que, en muchos casos, no podrá soportar.

Igual que el final de un año y el comienzo de otro sirven para desgranar todo un rosario de buenas intenciones, la llegada del buen tiempo azuza el ánimo de miles de personas que, durante los meses de frío, bajo la lana que abrigó su cuerpo, habían enterrado la preocupación por *la línea*. Tras una moda o un gesto de presun-

ción—completamente lícito, por qué no—hay un impulso muy aprovechable para desarrollar toda una serie de actividades que contribuyen, además, a mejorar la salud. Pero será mejor aún si ese impulso se mantiene a lo largo del resto de la vida. Aunque éstas pueden parecer ahora palabras mayores, la repercusión de un cuerpo en forma dará, sin duda, muchas satisfacciones; ¿por qué no experimentarlas?

La cuestión es cómo empezar para no tirar el esfuerzo por la borda. Porque si algo está claro es que si se va a acometer la tarea de ponerse en forma, es mejor hacerlo bien.

El prototipo de persona que se encuentra en esa situación de querer recuperar el tiempo perdido es alguien que ya ha cumplido los treinta

años; en muchos casos, ha recibido una educación física en la infancia, ha hecho algún deporte en la adolescencia y la primera juventud y, una vez concluida su preparación profesional ha entrado de lleno en el mundo del trabajo—y en el caso de muchas mujeres, en el difícil arte de la maternidad—pero, sobre todo, ha perdido los hábitos deportivos o de ejercicio físico. Es muy probable que además, especialmente en algunas profesiones, haya adquirido otros nada saludables o incluso malsanos, como exceso de comida, de bebida, de tabaco y el estancamiento en una rutina sedentaria que le ha llevado a no ejercitar más músculos que los imprescindibles para seguir pareciendo una persona.

Lo mejor es empezar por un chequeo médico/deportivo—algo que a estas alturas no tiene por qué asustar a nadie—para conocer el estado del organismo y saber a qué esfuerzos se le puede someter y a cuáles no. En España, aunque la especialidad de medicina deportiva es de reciente consolidación, y por ahora sólo existe en las universidades de Barcelona, Oviedo y Complutense de Madrid, hay un gran número de médicos que llevan tiempo dedicándose a ella. Ellos son los más indicados para llevar a cabo ese chequeo y para trazar, según sus resultados, un plan posterior que prescriba el ejercicio y el deporte adecuado a cada organismo. A partir de entonces es muy importante no tener prisa.

Julio César Legido, catedrático de Fisiología del Deporte y director de la

El levantamiento de pesas, o halterofilia, requiere de una preparación física muy completa.

Escuela de Medicina de la Educación Física y el Deporte, de la Universidad Complutense, hace hincapié en la necesidad de realizar una educación física previa a cualquier actividad deportiva que, para personas que nunca se hayan visto en esas lides, será de alrededor de una hora y tres días a la semana durante dos años. Eso para tener el cuerpo preparado para someterse a una disciplina, a unas reglas y a una competición con otros o consigo mismo. Esa preparación, que no necesariamente hay que hacer en un gimnasio, aunque éste sea el sitio ideal, debe estar al menos orientada por un profesor de educación física que, con los ejercicios adecuados, comenzará por rescatar para su uso músculos ignorados y otros más conocidos. En cualquier caso, haya hecho deporte alguna vez o no, ese comienzo tardío o el regreso a la actividad física deberá llevarse a cabo poco a poco y tratando de buscar un desarrollo muscular armónico. Los auténticos novatos tardarán más en estar en condiciones óptimas, pero no deben temer el desaliento: los resultados comienzan a apreciarse al cabo de los dos o tres primeros meses. En

todo caso, y una vez lograda la puesta a punto, ninguna persona—y en ello insiste especialmente el doctor Legido—debería hacer nunca una actividad que hipertrofie una parte del organismo. A su juicio, es completamente absurdo que un ejecutivo que no se ocupe de una preparación física completa, se ponga a hacer *squash* una hora al día. Puede pagarlo caro porque la tensión a que someterá sus músculos—incluido el corazón—sus tendones y sus articulaciones será excesiva.

La elección de un deporte—fuera de la competición—que complemente los ejercicios de gimnasia, animará a quienes hayan decidido ponerse en forma. Pero hay que elegir bien. Ángel Durántez, especialista de la primera promoción de Medicina del deporte, marca la diferencia entre deportes aeróbicos y anaeróbicos. Los deportes aeróbicos son aquéllos de larga duración, de escasa intensidad y que ponen en juego muchos grupos musculares: la carrera de fondo, la bicicleta de fondo, la natación, o en menor medida, el esquí de fondo. Siempre, y esto es muy importante, si no se compite con el tiempo

ni con nadie. Los deportes anaeróbicos son aquéllos de escasa duración y gran intensidad, que movilizan grupos musculares muy localizados. El mejor ejemplo serían las luchas, el boxeo, la halterofilia o los lanzamientos de peso: para realizarlos es absolutamente imprescindible una preparación física muy completa. Claro está que la mayoría de los deportes se sitúan diseminados a lo largo del camino que hay entre aeróbicos y anaeróbicos, y en muchos casos dependerá de la intensidad con que se practiquen.

El lugar donde realizar el ejercicio es otro punto digno de tener en cuenta. En las ciudades, los gimnasios, que proliferan en los últimos años, son un excelente sitio. En casa se puede, por supuesto, pero antes hay que informarse del qué y el cómo, y habrá que tener, además, fuerza de voluntad. La cosa del grupo siempre anima. En el campo, los deportes al aire libre son muy saludables; en la ciudad, a no ser que se busque un auténtico pulmón de oxígeno, son un verdadero disparate. Julio Legido rememora con horror la imagen del corredor que sigue la estela del autobús, pisando siempre el mismo suelo de asfalto, sometiendo a su organismo a una situación que no es de desear ni para el peor enemigo: sería mucho mejor quedarse en casa viendo la televisión.

En cambio, pasear o correr en el campo, pasear también en bicicleta si se presta además atención a los brazos y a los músculos de la espalda con algunos ejercicios complementarios, será muy recomendable.

Muchas lesiones o molestias que recuerdan, para mal, la existencia del cuerpo, se deben a la ausencia de ejercicio físico. Pero también muchas, muchísimas, a ejercicios o deportes llevados a cabo sin la preparación adecuada y sin conocer la técnica que los convierte saludables. La mayoría de los dolores de espalda se deben al abandono absoluto de la gimnasia dorsal, que ejercita los músculos de los canales vertebrales. El golpeo que supone correr, a partir de los treinta años, de forma monocorde por un suelo duro, implica un microtraumatismo que puede originar también lesiones en la espalda. Un partido de fútbol a la semana sin preparación ni complemento implica un riesgo de desequilibrio muscular y coloca en una situación comprometida tendones, músculos y articulaciones, que no tienen por qué responder a nuestras exigencias o a las del equipo si no se les ha preparado para ello. El tenis, sin ningún tipo de compensación—y en general los deportes de raqueta—pueden derivar en escoliosis o desviaciones de columna; las frenadas en seco, el juego en la red, provoca en ocasiones la rotura del tendón de Aquiles o del gemelo interno. En el esquí, la fuerza de la gravedad se alía con la velocidad y contra el dominguero del deporte—al que en Estados Unidos se conoce como *weekend's warrior* o guerrero del fin de semana—y las fracturas de tibia, que han sustituido a las de tobillo por la buena protección que se logra de éste, llegan por decenas a los hospitales tras un precipitado final de la excursión. El esquí, como el *windsurf* o el alpinismo, son deportes tentadores que requieren una elasticidad y una forma de músculos y articulaciones cuya ausencia se puede pagar cara.

Sin la capacidad física adecuada es prácticamente imposible, además, alcanzar la perfección técnica. El doctor Legido considera que tres horas semanales—nunca seguidas—de educación física bien dirigida, debería ser una práctica común desde la infancia hasta la muerte.

El material deportivo es acaso tan importante como el ritmo y el lugar. El doctor Durántez es terminante en este terreno: olvidar el plástico. Nada de pantalones de plástico para adelgazar los muslos, que lo único que hacen es contribuir a la deshidratación. Las prendas, cuanto más algodón tengan en su composición, mejor. El calzado debe tener en cuenta las características del pie, del ejercicio que va a realizar y del clima o condiciones atmosféricas del lugar. Las botas de fútbol, por ejemplo, que no protegen el tobillo, y que fijan el pie al suelo con los clavos son espléndidas aliadas de los esguinces. Los jugadores juveniles de fútbol americano están obligados a salir al terreno de juego con unos vendajes funcionales que, aunque restringen el juego de la articulación, evitan que el tobillo haga movimientos inconvenientes.

En muchas ocasiones, la intención de ponerse en forma está asociada a un deseo de perder peso. Conviene conocer en primer lugar el peso ideal para la salud, que no siempre coincide con el ideal estético. El primero suele tener unos márgenes mayores. José María Odriozola es bioquímico, además de presidente de la Federación Española de Atletismo. Es un especialista reconocido en deporte y nutrición, y se muestra totalmente contrario a las dietas drásticas de adelgazamiento. El razonamiento es claro: quien ha acumulado grasas a lo largo del tiempo no puede perderlas de golpe con una dieta. Si a ello se añade el desgaste de calorías que supone el ejercicio, las deficiencias en la alimentación que implican las dietas desequilibradas pueden conllevar problemas de salud. Alguien que vaya a recuperar su forma física deberá dar a su organismo el descanso necesario: siete u ocho horas de sueño. Deberá también realizar tres comidas al día, tomar mucho agua a lo largo del día—que incluye el antes, el durante y el después del ejercicio. No comer antes de hacer deporte: beber después y esperar una media hora para comer; no sobrepasar la cantidad de alcohol que tolera bien el organismo (50 centímetros cúbicos de alcohol puro, que viene a ser tres cervezas o tres vasos de vino al día); dejar de fumar o fumar menos y, ojo, fijarse en lo que come. Lo normal es que no tenga que disminuir la cantidad, sino variar la calidad e imponer un orden. Buscar alimentos ricos en nutrientes, disminuir las grasas, aumentar los carbohidratos complejos y, seguramente, si la dieta anterior era la común, mantener la ingestión de proteínas que venía realizando.

Lo ideal será comenzar el día desayunando bien: cereales, yogurt, leche descremada o semidescremada, fruta. En cada comida, tomar un plato de verduras, o cereales, o pasta, o legumbres, o patata cocida, que aportarán los nutrientes, y un plato de carne, o pescado, o huevos, no mezclando en la misma comida ninguno de estos tres últimos alimentos. Tomar fruta de postre la mayor parte de las veces, aunque pueda tomar de vez en cuando un helado.

Es importante distinguir entre azúcares simples y azúcares complejos: los primeros, el azúcar, la miel, la jalea, los bollos, las galletas, no le van a hacer ningún favor que contribuya a su propósito. Los segundos, en cambio, son enormemente saludables y necesarios, y están en esos primeros platos ya citados: cereales, verduras, legumbres y patatas cocidas. En ningún caso conviene abusar de los fritos, y siempre serán mejor los realizados en aceites vegetales que en grasas animales. El pescado azul es muy saludable: la caballa, el salmón. Procure olvidarse de la mantequilla y de la mayonesa, y de la leche con toda su nata. Los suplementos de vitaminas y minerales no son necesarios si come la suficiente cantidad y equilibrada calidad de alimentos. El cuidado especial que se ha de tener con el calcio y el hierro queda resuelto, en el primer caso, con tres vasos de leche desnatada al día y en el segundo, con las legumbres y algún filete de hígado de vez en cuando. Pero, sobre todo, no haga locuras. No desequilibre por su cuenta esta alimentación, que es completa y saludable.

☐ MERCEDES FONSECA
Revista *Conocer*, España

ANTES DE LEER

Notas explicativas

en forma   en buen estado físico
desgranar todo un rosario de buenas intenciones   expresión derivada de *desgranar las cuentas del rosario*. En este contexto, considerar una serie de acciones positivas a cumplir.
tirar por la borda   desperdiciar

entrar de lleno   entrar totalmente
a estas alturas   en este momento
puesta a punto *(f)*   preparación final
pagarlo caro   tener graves consecuencias
frenar en seco   frenar o parar bruscamente

Vocabulario

afanarse por   tratar de, luchar por
azuzar   incitar
línea *(f)*   la silueta, la forma
acometer   realizar, llevar a cabo
malsano   no saludable
estancamiento *(m)*   estagnación
chequeo médico *(m)*   reconocimiento general para comprobar si hay problemas de salud
trazar   en este contexto, elaborar
hacer hincapié   poner énfasis
lid *(f)*   combate, lucha; en este contexto, el esfuerzo realizado en la práctica deportiva
novato *(m)*   persona sin experiencia
desaliento *(m)*   desánimo, desmoralización
al cabo de   después de
hipertrofiar   en este contexto, producir daño
de fondo   de larga distancia, de resistencia
halterofilia *(f)*   levantamiento de pesas
pulmón de oxígeno *(m)*   un lugar con abundancia de oxígeno, por ejemplo un parque
disparate *(m)*   tontería
rememorar   recordar
estela del autobús *(f)*   las emanaciones que deja el autobús al avanzar
dorsal   relativo a la espalda
golpeo *(m)*   golpe
monocorde   uniforme
microtraumatismo *(m)*   pequeño trauma

escoliosis *(f)*   desviación lateral de la columna vertebral
rotura *(f)*   rompimiento
gemelo *(m)*   cada uno de los dos músculos de la pantorrilla (parte posterior inferior de la pierna)
aliarse   unirse
dominguero del deporte *(m)*   aquél que practica el deporte los domingos
tibia *(f)*   hueso mayor de la pierna
tobillo *(m)*   protuberancia formada por los huesos a cada lado de la parte superior del pie
alpinismo *(m)*   montañismo
tentadores   que tientan, que atraen
terminante   categórico, preciso
muslo *(m)*   parte superior de la pierna
prenda *(f)*   ropa
esguince *(m)*   torcedura de una articulación
adelgazamiento *(m)*   acción de adelgazar o perder peso
de golpe   bruscamente, repentinamente
desgaste *(m)*   acción de desgastar, consumir
conllevar   traer consigo
ojo   atención
jalea *(f)*   gelatina
bollo *(m)*   pan hecho con huevos y leche
caballa *(f)*   tipo de pescado
nata *(f)*   crema de la leche
desnatada   sin crema
hacer locuras   cometer estupideces

El tema y tú

Considera primeramente tus propias prácticas deportivas. ¿Qué deportes practicas? ¿Lo haces con regularidad? ¿Qué consejos le darías a alguien que quiera practicar esos deportes? ¿Le aconsejarías que tomara algún tipo de precaución? ¿Por ejemplo? Considera estos puntos con tu profesor(a) o con un compañero o compañera antes de leer el artículo sobre el mismo tema.

DESPUÉS DE LEER

Preguntas

1. ¿Cómo es el prototipo de persona a la que van dirigidos la mayor parte de los comentarios del artículo? Haz una lista de las principales características.

2. Uno de los especialistas mencionados en el artículo "hace hincapié en la necesidad de realizar una educación física previa a cualquier actividad deportiva". ¿Qué razones da? ¿Cómo deberá realizarse?

3. Según el artículo, ¿en qué se diferencian los deportes aeróbicos de los anaeróbicos?

4. ¿Qué recomendaciones se hacen con respecto al lugar donde se realizarán los ejercicios?

5. ¿Qué recomendaciones se hacen con respecto al vestuario?

¿Qué opinas tú?

¿Qué puedes decir sobre las actividades deportivas de la gente que te rodea (tus familiares y amigos, por ejemplo)? Considera estas prácticas con relación al artículo que has leído. ¿En qué puntos coincide la información dada en el texto con lo que has podido observar? Comenta esto con un compañero o compañera y con tu profesor(a).

Actividades de grupo

En un grupo de tres o cuatro intercambia experiencias sobre tus propias prácticas deportivas.

a. ¿Consideras importante que todas las personas practiquen algún deporte? ¿Por qué?

b. ¿Cuáles son los deportes que más se practican en el país o en la comunidad donde vives? ¿Varía este tipo de práctica según la edad o la condición social?

Específicamente comenta sobre:

a. ¿Qué deporte practica cada uno de los estudiantes?

b. ¿Hay alguna razón para haber elegido este deporte en especial?

c. ¿Se requieren condiciones físicas especiales para la práctica de cada uno de los deportes mencionados? ¿Cuáles, por ejemplo?

d. ¿Qué tipo de disciplina exige cada deporte? ¿Hace falta práctica regular, peso controlado, alimentación adecuada . . . ?

Lo anterior son sugerencias. Los estudiantes podrán comentar sobre otros aspectos relacionados con la práctica deportiva.

Redacción

Escribe unos párrafos que defiendan la importancia del ejercicio físico y de estar en forma.

Los dos artículos que siguen tratan desde distintas perspectivas el tema de los festejos en que participan animales. El primero de ellos apunta, de manera general, al incumplimiento por parte de muchos españoles de la Ley de Protección Animal. El segundo se refiere a las corridas de toros, la llamada *fiesta nacional* española, que hoy cuenta con tantos simpatizantes y aficionados como con adversarios.

LA LEY DE PROTECCIÓN ANIMAL Y LOS FESTEJOS POPULARES

Muchos turistas han prometido no volver a España hasta que no desaparezcan estas celebraciones. "No estamos contra ellos, sino contra la crueldad", dice ANDA

"En la mayoría de las fiestas de los pueblos se maltrata a los animales", afirma José García Monge, miembro de la Asociación Nacional de Defensa de los Animales (ANDA), que ha denunciado las sangrientas fiestas de Parla, Colmenar de Oreja y Cercedilla. A más de un año de la aprobación de la Ley de Protección de Animales, ésta se ha convertido en "papel mojado", antes de su aplicación y los ayuntamientos no reciben sanciones.

"A rapa das bestas", o el corte de las crines a los caballos salvajes, se celebra en la provincia de Galicia.

"**E**l año pasado denunciamos algunos de estos festejos pero al no estar aprobado el Reglamento, tuvieron la excusa para no contestarnos ni abrir sanciones a los pueblos. A pesar de que se aprobó a final de mayo, todo sigue igual o peor, porque cada vez se celebran más fiestas en las que se emplean animales para maltratarlos", afirma José García. Por su parte, el Grupo Popular en la Asamblea de Madrid ha pedido la comparecencia de Virgilio Cano, consejero de Agricultura, como responsable del incumplimiento de la ley. María Teresa de Lara, diputada del PP en la Asamblea, afirma que "la Ley de Protección de Animales prohíbe en su artículo dos maltratarlos, además de que no sufran agresiones en los encierros, pero esto no se cumple. Este tipo de fiestas sigue produciendo un sufrimiento injustificado para los animales". Para este grupo es Virgilio Cano el responsable de que los municipios no cumplan la legislación y de que no se apliquen sanciones a los que no cumplen la ley.

Hasta ahora ni la CAM ni los ayuntamientos han puesto medidas para evitar el sufrimiento de los animales. Durante el tiempo que duran los encierros, uno de los actos más comunes en los festejos populares, se tiran piedras a los becerros, se les arroja arena a los ojos para que no vean, se les hace correr por el asfalto por lo que les sangran las patas e incluso, en algunos casos, se les introduce un palo por el ano. Cuando los animales están agotados, algunos desaprensivos se ceban con ellos porque ya no son peligrosos.

La fiesta del santo patrón de Pamplona, San Fermín, se celebra con el encierro de los toros por las calles de la ciudad.

José García cree que son los jóvenes, borrachos e incontrolados, los que cometen estas acciones, a pesar de que muchos de los vecinos de los pueblos consideran estas actuaciones muy crueles. "Tampoco la Policía—añade el miembro de ANDA—ayuda a imponer el orden y hacer cumplir la ley. En algunos casos nos han invitado a marcharnos, en vez de darnos protección, cuando se han dado cuenta en el pueblo que pertenecemos a una asociación de defensa de los animales y querían lincharnos para que no los dejáramos sin festejos".

De la misma opinión es Manuel Muñoz, presidente de la Sociedad Protectora de Animales: "Esta crueldad de las fiestas es un supuesto más de la enfermedad española de incumplir las leyes, ya que la CAM tiene la obligación de proteger a los animales domésticos, y las vacas lo son. Resulta asombroso que las autoridades pasen por alto esta ley y no se impongan sanciones".

Los juegos con los toros datan de hace más de 2,000 años.

112

Extremadura es la comunidad en donde más se realizan estos festejos, ya que hay unos 180 en los que se utilizan animales. "Desde arrancar la cabeza a las gallinas, hasta atar objetos a los rabos de los perros", denuncia José García.

Una de las soluciones que apunta ANDA para evitar estos hechos tan sangrientos es que los ayuntamientos organicen otro tipo de festejos donde no concurran animales. "No queremos que las fiestas desaparezcan, sino que la cultura de violencia de este fin de siglo se canalice de otra manera sin que se busque la distensión con los animales. Hay que hacer olvidar que la diversión en los pueblos de España significa maltratarlos". Pero no es una solución sencilla, ya que algunos ediles, como el alcalde de Arganda, "se ven amenazados por peñas taurinas que no quieren que desaparezca esta forma de 'diversión'", denuncia ANDA.

"Hemos recibido cientos de cartas de turistas extranjeros que se quejan de este tipo de crueldades y que afirman que no volverán a España hasta que no desaparezcan. En la situación en la que se encuentra el turismo, sería un aspecto a tener en cuenta para que las autoridades hicieran algo al respecto", concluye José García.

□ ROSALÍA MAYOR
ABC, España

EL NEGOCIO DE LOS TOROS

La polémica de los toros no cesa, animada por los que piensan que en la Europa del Mercado Común las corridas constituyen un atavismo impresentable y tercermundista, impropio de un país que ha abandonado las tabernas por los *pubs* y los bocatas de calamares por las hamburguesas. No obstante, no parece que las asonadas de los militantes antitaurinos ni las mociones de censura presentadas en el Parlamento Europeo por algún diputado anglosajón vayan a crear dificultades al espectáculo de los toros. Un espectáculo que, cada día, parece tener más espectadores.

Pero hasta esos miles de toros sacrificados cada año se han convertido en un argumento más para los defensores de la fiesta. "La existencia de las corridas—comenta en esta revista el torero Roberto Domínguez—es una de las garantías de la existencia de estos animales, que sólo se crían para ser toreados. Si las corridas se acabasen, los toros correrían un serio peligro de extinción". Algo parecido sostiene *Espartaco,* el indiscutible número uno del escalafón: "A mucha gente le cuesta entender que entre el toro y el torero se produce una gran identificación y que nadie quiere más a los toros que los

El torear a caballo, o el rejoneo, combina el espectáculo de los toros con la hermosura de los caballos andaluces.

propios toreros. Es verdad que los matamos, pero todos los animales son muertos por los hombres en condiciones humillantes. El toro es un animal privilegiado, que ha nacido para morir en los ruedos".

En medio de esta polémica nacional, las plazas de toros se ven cada día más concurridas, las dificultades para conseguir entradas se hacen insalvables y hasta la fiesta de los toros parece haberse convertido en una de las señas de identidad de la agonizante posmodernidad. "Para mí, como para muchos de los miembros de mi generación—declara a *Carta de España* la periodista Rosana Torres—, los toros eran algo vergonzante, un espectáculo siniestro mantenido por la dictadura para tener a la gente entretenida. Y ahora, tanto yo como muchos de mis amigos y conocidos nos hemos convertido en unos apasionados de las corridas". Periodistas, diputados, ministros, banqueros, artistas de moda, todos se apuntan a este nuevo carnaval, a esta moderna—o posmoderna—feria de navidades. Algo que no parece entusiasmar al catedrático José Luis López Aranguren, uno de nuestros escasísimos intelectuales de prestigio. "A mí—confiesa a esta revista—ese escaparate de las barreras, esa especie de feria de vanidades, me disgusta mucho. Y no porque tenga nada en especial contra estos aficionados o neoaficionados, sino porque estamos cayendo en una especie de casticismo un tanto paleto. Hemos renegado mucho del pintoresquismo de la España del siglo XIX y estamos cayendo en lo mismo".

□ MARÍA JESÚS SIMÓN
Revista *Carta de España,* España

ANTES DE LEER

Notas explicativas

"La Ley de Protección Animal . . ."

ANDA Asociación Nacional de Defensa de los Animales
se ha convertido en "papel mojado" no tiene valor alguno
Reglamento *(m)* en este contexto se refiere a la Ley de Protección Animal
Grupo Popular *(m)* miembros del Partido Popular español, de tendencia derechista

Asamblea de Madrid especie de parlamento de la Comunidad Autónoma de Madrid
Agricultura se refiere al Ministerio de Agricultura
PP Partido Popular
CAM *(f)* la Comunidad Autónoma de Madrid

"El negocio de los toros"

bocata *(m)* bocadillo, especie de *sandwich* (lenguaje popular)
Espartaco conocido torero español

número uno del escalafón *(m)* el principal de los toreros

Vocabulario

"La Ley de Protección Animal . . ."

se incumple no se cumple, no se respeta
festejo *(m)* fiesta
comparecencia *(f)* presencia
encierro *(m)* el acto de encerrar a los toros en ciertas fiestas
becerro *(m)* toro de menos de un año
sangrar arrojar sangre
palo *(m)* trozo de madera cilíndrico, más largo que grueso

agotado muy cansado
desaprensivo persona sin conciencia
cebarse abusar
linchar maltrato dado a un individuo por un grupo de personas
asombroso sorprendente
pasar por alto no considerar, no tomar en cuenta
arrancar cortar

rabo *(m)* cola de un animal
concurrir en este contexto, participar
canalizar orientar

edil *(m)* alcalde
peña taurina *(f)* grupo de personas aficionadas a los toros

"El negocio de los toros"

atavismo no conforme con las costumbres actuales
calamar *(m)* molusco
asonada *(f)* ataque
antitaurino que está en contra de las corridas de toros
toreados lidiados los toros en una corrida
ruedo *(m)* la plaza de toros
concurridas con mucho público
insalvable sin solución
vergonzante aquello de lo que se siente vergüenza

apuntarse en este contexto, participar
catedrático profesor universitario
escaparate *(m)* en sentido figurado, lugar donde se exhibe algo
disgustar desagradar
aficionado que siente afición por algo, aquél a quien le gusta algo
casticismo relativo a la esencia de lo español
paleto en este contexto, vulgar

El tema y tú   Antes de leer los dos artículos sobre el maltrato a los animales por un sector de la sociedad española, considera lo siguiente:

a. ¿Existen festejos o celebraciones en tu país o comunidad en que participan los animales? Si las hay, ¿en que consisten? ¿Qué opinión tienes sobre ellas?

b. ¿Cuál es la actitud de la gente de tu país en general hacia los animales? ¿Existe cariño hacia ellos? ¿Situaciones de crueldad? Explica y da ejemplos.

Comenta lo anterior con el resto de la clase.

DESPUÉS DE LEER

Preguntas
1. En el primer artículo, ¿qué sentido tiene la expresión "papel mojado" con relación a la Ley de Protección Animal?

2. ¿A quiénes culpa específicamente José García de estos actos de excesiva crueldad hacia los animales?

3. ¿Cuál ha sido la actitud de la policía?

4. ¿Qué polémica se plantea en el segundo artículo?

5. Frente a la oposición a las corridas de toros, ¿cuál parece ser la actitud de la gente, según da a entender el artículo?

¿Qué opinas tú?   ¿Qué opinas sobre los festejos y celebraciones que se mencionan en los dos artículos? ¿Estás en contra de ellos o crees que deben aceptarse por formar parte de la cultura de un pueblo? Expresa tu opinión ante tus compañeros.

Actividades de grupo

1. En grupos de tres o cuatro los estudiantes reaccionarán de acuerdo a sus propias convicciones frente a las siguientes afirmaciones del artículo "El negocio de los toros": "La existencia de las corridas es una de las garantías de la existencia de estos animales, que sólo se crían para ser toreados". (Roberto Domínguez, torero).

   "A mucha gente le cuesta entender que entre el toro y el torero se produce una gran identificación y que nadie quiere más a los toros que los propios toreros. Es verdad que los matamos, pero todos los animales son muertos por los hombres en condiciones humillantes. El toro es un animal privilegiado, que ha nacido para morir en los ruedos". (Espartaco, torero).

   El grupo podrá debatir el tema de manera general, con referencia a todas aquellas celebraciones en las que se usan animales, o de manera específica con respecto a las corridas de toros. Las principales ideas y opiniones serán resumidas oralmente por uno o dos miembros del grupo.

2. Estás pasando una temporada en casa de una familia española. Hoy es domingo y te han invitado a presenciar una corrida de toros. A ti te desagrada este tipo de espectáculo y no quieres ir. Tu anfitrión insiste en que deberías asistir, ya que las corridas son parte de la cultura española; es la *fiesta nacional* y no puedes volver a tu país sin haber visto una. Tú presentarás los argumentos que sean necesarios para no asistir a este espectáculo, cuidándote de no ofender a tus anfitriones. Unos compañeros harán los papeles de anfitriones.

Redacción

Imagina que estás en España donde has tenido oportunidad de presenciar una fiesta en que se ha maltratado a animales. Escribe una carta al director del periódico local, expresando tu opinión en contra de este tipo de celebraciones. Presenta los argumentos que sean necesarios para hacer valer tu postura.

La depresión que a menudo invade a empleados y estudiantes al volver a sus actividades cotidianas después de un período de vacaciones, es el tema central de los dos artículos que siguen. Ambos intentan explicar las razones de este fenómeno y dan consejos para afrontar mejor la situación.

¿DEPRESIÓN O EUFORIA TRAS LAS VACACIONES?

Es necesario un período de readaptación, según los psicólogos

Hay que afrontar la vuelta al trabajo con equilibrio para evitar trastornos psicológicos.

La reincorporación al trabajo tras las vacaciones, produce trastornos psicológicos que van desde la depresión hasta estados de euforia, por la vuelta a una actividad vital para muchos; en cualquier caso, siempre es necesario un período de readaptación, ha manifestado a Efe la psicóloga Lucía Roldán.

Hay personas que se vuelven irritables, pesimistas e intolerantes cuando se ven obligadas a reiniciar su actividad laboral habitual, tras la relajación que produce en el individuo el cambio de hábitos en verano, "porque sólo ven el trabajo como una obli-

gación poco gratificante", dijo Roldán.

Sólo fijamos nuestra atención, según esta psicóloga, en los aspectos negativos del trabajo; "la responsabilidad, el deber, la rutina, nos agobian, agravándose poco a poco la depresión hasta conducir a un estallido emocional que nosotros mismos hemos fomentado", explica.

"Para mantener una salud mental básica, lo mejor es no pensar y afrontar la realidad tal como es, porque no la podemos cambiar", recomienda esta experta en psicología, que lleva diez años en la profesión, y que dice encontrarse con bastantes pacientes

cuyo problema es "no aceptar lo que es ineludible".

Por el contrario, según el psicólogo Pedro Madrid, presidente del Teléfono de la Esperanza, "también hay muchas personas que están ansiosas por volver al trabajo, ya sea porque son muy activas y no saben disfrutar del ocio, o porque tienen problemas familiares y ven el trabajo como una vía de escape".

Lucía Roldán indicó que la mejor solución para afrontar con equilibrio la vuelta al trabajo es "buscar sus aspectos más positivos; verlo como un cambio de actividad y no como una vuelta a la rutina, y tener confianza en la capacidad personal para inmunizarnos ante el posible estrés".

"El ser humano tiene una capacidad de adaptación natural a los cambios que es la que le permite sobrevivir desde sus orígenes; el problema surge cuando no queremos aceptar el cambio o lo enfocamos por sus aspectos negativos", añadió.

Son las personas que suelen padecer algún problema psicológico, como la timidez o la inseguridad, a quienes realmente afecta finalizar sus vacaciones "no porque el trabajo sea un factor traumático en sí mismo, sino por las relaciones que se ven obligadas a mantener en él y que son incapaces de afrontar por falta de confianza", subrayó Lucía Roldán.

□ *Ya*, España

FINALIZAN LAS VACACIONES, NO CAIGAS EN LA MELANCOLÍA

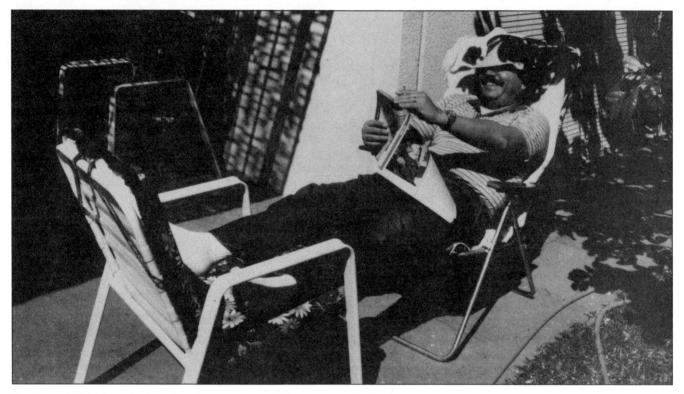

La intensidad del período de trabajo hace imprescindible un período de descanso.

Terminan las vacaciones: nuestro estado de ánimo decae y la angustia comienza a invadirnos ante la idea de volver y comenzar nuestra vida cotidiana llena de monotonía. ¿Cómo evitarlo?

Prácticamente, el síndrome afecta a todos los estratos de la sociedad: los últimos días de vacaciones llegan acompañados de un sentimiento de angustia relacionado con el miedo a volver a enfrentarse con la vida cotidiana.

Este sentimiento está más que justificado en los casos de las personas que, a causa de la actividad que desarrollan normalmente, presentan un estado de agotamiento o estrés.

Muchas veces, el período de descanso es demasiado reducido en pro-

porción a la intensidad con que se desarrolla el período de trabajo. Pero tan cierto como esto es la norma que contempla a casi todos los trabajadores y estudiantes: las vacaciones siempre parecen cortas. Y en este sentido, "los niños —señala la psicóloga Carina Glauberman—, suelen reflejar los sentimientos de una forma más directa que los adultos, modifican su conducta hacia el final de las vacaciones: se agobian con el regreso a las obligaciones y presiones de todos los días. Aunque también hay personas —añade— que no pueden soportar la llegada del período de descanso. Suele ocurrir a la gente que por alguna razón se encuentra sola y que se empeña en poner toda su energía y emociones en el trabajo".

En el caso del ama de casa, el retorno supone la vuelta a la rutina; los

hijos se van a estudiar y el marido al trabajo y ella se queda sola otra vez. La solución está en sacar tiempo para hacer cursos, ver a las amigas, etc. Comparable a la depresión que mucha gente suele experimentar los domingos, la depresión del final de las vacaciones puede evitarse o, al menos, amortiguarse.

Buenos consejos

"Para no deprimirse —explica la especialista— lo mejor es tratar de tener la misma energía y estado anímico que teníamos hacia la mitad de las vacaciones: es decir, el punto intermedio entre la euforia de los primeros días y la melancolía que se produce en los últimos".

Otro consejo práctico que puede resultar útil a la hora de alejar la depresión es el de mantener en el período laboral alguna actividad ociosa que se haya iniciado durante las vacaciones. "Es bueno—continúa la psicóloga—no limitar el esparcimiento y el ocio solamente al fin de semana. Si durante las vacaciones se ha descubierto el placer por la práctica de un deporte, por ejemplo, lo ideal es mantener esa actividad al regresar a la cotidianidad".

A la vez que ofrece esos consejos, la doctora Glauberman señala que la depresión no tiene por qué ser grave si se valora en forma adecuada la actividad cotidiana. "Una persona que se encuentre bien relacionada, sin conflictos con su trabajo, familia y medio, no tiene que dramatizar más de la cuenta al llegar el final del período de vacaciones", determina la especialista.

Por supuesto, el solo hecho de romper con la monotonía diaria despierta en todas las personas una cantidad de sentimientos contrastados. "En cierta forma—culmina la psicóloga—las vacaciones son una aventura. Pero esto no tiene que restar valor al desempeño diario de cada uno, por monótono que éste parezca. La felicidad, finalmente, reside en el acierto a la hora de escoger la actividad que se realiza a diario".

☐ FEDERICO OLDEMBURG
Revista *Mía*, España

ANTES DE LEER

Notas explicativas

"¿Depresión o euforia . . . ?"

Efe agencia de prensa española
Teléfono de la Esperanza institución a la que pueden llamar aquellas personas que angustiadas necesiten hablar con alguien

Vocabulario

"¿Depresión o euforia . . . ?"

trastorno *(m)* desorden, perturbación
agobiar angustiar, oprimir
estallido *(m)* explosión
ineludible que no se puede evitar

disfrutar gozar
ocio *(m)* tiempo libre
surgir presentarse, aparecer
padecer sufrir

"Finalizan las vacaciones . . ."

estado de ánimo *(m)* disposición mental
estrato *(m)* nivel
agotamiento *(m)* cansancio
período de descanso *(m)* las vacaciones
empeñarse insistir
retorno *(m)* vuelta, regreso
amortiguar suavizar, atenuar, moderar
estado anímico *(m)* estado de ánimo

alejar distanciar
ociosa relativo al ocio, al tiempo libre
esparcimiento *(m)* diversión, entretenimiento
cotidianidad *(f)* relativo a lo cotidiano, a la vida diaria
desempeño *(m)* actividad
acierto *(m)* hacer lo correcto, lo apropiado

El tema y tú

Lee los dos artículos y al hacerlo toma notas de los puntos principales:

a. La definición del problema.

b. Su explicación.

c. Consejos para evitar la crisis.

119

DESPUÉS DE LEER

Preguntas

1. ¿En qué consiste el síndrome al que hacen referencia los dos artículos?
2. ¿Qué razones motivan estos sentimientos, según los dos artículos?
3. ¿Cómo afecta a los niños el problema que aquí se define? ¿Al ama de casa?
4. ¿Qué consejos prácticos se dan para evitar estos estados de angustia?

¿Qué opinas tú?

¿Cómo te sientes al volver de tus vacaciones a tus estudios y/o al trabajo? ¿Has tenido ese sentimiento de depresión o de euforia a que hacen referencia los artículos? En tu caso, ¿qué explicación le das al problema? Coméntalo con tu profesor(a) y con tus compañeros.

Actividades de grupo

Las siguientes actividades se harán en parejas.

1. Acabas de regresar de tus vacaciones y recibes la visita de un amigo o amiga de habla española que también ha tomado unos días de descanso. Ustedes hablan sobre lo que hicieron durante aquellos días, los lugares que visitaron, la gente que conocieron, cómo se sintieron durante las vacaciones y lo que sienten ahora al volver a los estudios o al trabajo. Tu amigo se siente un poco deprimido al tener que volver a la rutina diaria y a sus obligaciones. Dale consejos que lo tranquilicen y lo hagan sentir mejor.

2. Eres un estudiante de habla española que está haciendo estudios en un país extranjero. Acabas de regresar de tus vacaciones. Has ido a tu país a visitar a tu familia y a tus amigos. Lo has pasado estupendamente y ahora, al volver a tu rutina diaria y tus estudios, te sientes muy deprimido. Decides visitar a un amigo con quien normalmente hablas en español para contarle de tus vacaciones y decirle cómo te sientes. Estás un poco solo y necesitas compañía. Tu amigo también ha estado de vacaciones y te habla largamente sobre ellas. Lo ha pasado muy bien. Su compañía y sus consejos te hacen sentir mejor. Antes de despedirte, tú y tu amigo hacen planes para el fin de semana.

Redacción

Estás escribiendo por segunda vez a un conocido de habla española que aún sabe muy poco de ti. Cuéntale acerca de tus actividades, lo que haces diariamente, lo que haces en tu tiempo libre y en tus vacaciones. Describe específicamente también lo que sientes con respecto a la actividad que realizas—tus estudios y tu trabajo si lo tienes—, lo que te gusta y lo que no te gusta de la actividad que realizas y si lo ves como una obligación o como un agrado.

Desde una perspectiva diametralmente distinta los dos artículos que siguen tratan del tema del turismo. El primero de ellos se refiere en términos muy generales a los aspectos positivos del turismo, incluyendo su efecto sobre el individuo. El segundo mira el turismo desde la perspectiva económica de Cuba.

EFECTOS POSITIVOS DEL TURISMO Y DE LA RECREACIÓN

La recreación y el turismo tienen efectos positivos en la recuperación del equilibrio físico y psicológico.

La recreación y el turismo tienen efectos positivos en la recuperación del equilibrio físico y psicológico del individuo e incluso su práctica repercute indiscutiblemente en la salud mental de la sociedad y sus integrantes, afirmó el secretario de Turismo, Pedro Joaquín Coldwell.

Al participar como invitado en el Congreso Bienal de la Federación Mundial de Salud Mental agregó que debido a la gran cantidad de viajeros, la industria turística tiene en estos momentos más valor económico a nivel mundial que el armamentístico.

La práctica del turismo, indicó, se basa en la disponibilidad de tiempo libre e ingresos para ser empleados en viajes recreativos, a los que el hombre tiene cada día un acceso mayor.

Como resultado de las condiciones financieras internacionales y la modernización, entre otros factores, en 1990 425 millones de turistas se desplazaron por todo el mundo.

El titular de Turismo sostuvo que la actividad turística no es simplemente un escape que ofrece tranquilidad sino que esta acción es profunda y va al problema mismo de la sociedad, que reclama empleo, seguridad, justicia y remuneración equilibrada.

Consideró que se requerirá de mayores bienes y servicios encaminados a satisfacer las necesidades de esta actividad y consideró que si estas perspectivas se cumplen, el turismo tendrá un mayor peso económico y social.

☐ *El Heraldo de México,* México, D.F.

EL TURISMO SIGUE CRECIENDO EN CUBA

Es innegable la importancia que ha ganado el turismo en el plano económico en los últimos años, lo que se desprende de los resultados alcanzados en muchos países donde esa actividad constituye uno de los recursos económicos principales.

Cuba no es ajena a ese proceso; sin embargo, la aspiración de la Isla de llegar a ser un destino turístico ideal en el Caribe, parecía ilusoria en 1973, cuando a nivel internacional hubo una coyuntura favorable para la comercialización de las ofertas recreativas en el extranjero.

De los esfuerzos emprendidos a partir de esa fecha para ganar un puesto dentro de los fuertes competidores del área, se derivó que en 1975 arribaran ya unos tres mil excursionistas.

Hay que admitir que en las etapas iniciales no fue fácil atraer hacia acá a los vacacionistas, pues la imagen de Cuba cambió después de 1959, pero la hostilidad del gobierno de Estados Unidos alejó de las costas de esta isla a los turistas. Aún hoy continúa esa actividad contra la Reina del Caribe, como es la prohibición a los norteamericanos de viajar a Cuba. Es éste uno de los principales obstáculos para rescatar una fuente de ingresos importante. Por ejemplo, en 1957, se registró la más alta cifra de turistas acogidos en la nación, cuando vinieron unos 300,000, de los cuales el 87 por ciento eran norteamericanos.

Para el turismo, como para otras tantas esferas de la vida socioeconómica cubana, también surgió la necesidad de combatir el bloqueo. En este caso, Cuba dejó a un lado su mercado natural, Estados Unidos, a sólo 90 millas, para explorar otras zonas más lejanas como Canadá y Europa Occidental, a varias horas de vuelo.

El agradable clima del trópico, las

Las playas ejercen gran atracción sobre los turistas.

bellezas de las playas, las características del sistema social imperante y, por sobre todas las cosas, la cordialidad de la población representaron gratos descubrimientos para múltiples turoperadores y agentes de viajes del mundo del turismo.

La presentación de ofertas con condiciones como Varadero, las playas del este, Ciudad de La Habana y más recientemente Cayo Largo del Sur, en ferias de promoción de diferentes plazas internacionales, ha provocado la afluencia hacia la Isla de una gran cantidad de vacacionistas.

De lugares tan distantes como Australia comenzaron a llegar personas en cantidades cada vez mayores y rápidamente se erigieron como principales emisores de turistas Canadá, Europa Occidental (España, Francia, Italia y la RFA), México y la comunidad socialista.

No todo es color de rosa

Naturalmente, aún existen otras limitaciones que impiden a nuestra industria turística alcanzar los niveles de eficiencia requeridos.

La demora en los servicios, en especial los relacionados con la alimentación, es una constante en las críticas de los usuarios.

Para el perfeccionamiento de los trabajadores de esta esfera se imparten cursos de superación y de idiomas. Hay politécnicos de especialidades afines en los cuales se preparan los jóvenes relevos.

Hay que lograr que cada turista, independientemente de su lugar de origen o residencia, obtenga cuando lo desee una información veraz, atenta, un trato que le haga comprender cuánto ha avanzado la nación desde 1959 en los campos de la salud, ciencia y técnica, educación y bienestar social.

En el futuro la Isla continuará realizando en el exterior la promoción de su producto turístico, que posee un reconocido mérito internacional.

El ambiente de paz, tranquilidad, seguridad y la hospitalidad y belleza que caracterizan a la Reina del Caribe constituyen su principal carta de triunfo a la hora de atraer a los visitantes. Ésas son precisamente las cualidades que más aprecian del archipiélago quienes pisan esta tierra.

☐ *Granma,* La Habana, Cuba

ANTES DE LEER

Notas explicativas

"Efectos positivos del turismo y de la recreación"

secretario de Turismo *(m)*
ministro encargado de Turismo

"El turismo sigue creciendo en Cuba"

Isla *(f)* en este contexto, Cuba
1959 año de la Revolución cubana que implantó el socialismo en la Isla
Reina del Caribe *(f)* nombre que los cubanos dan a la isla de Cuba

prohibición de los norteamericanos de viajar a Cuba los estadounidenses pueden viajar legalmente a Cuba si participan en cualquier programa de intercambio sancionado por el Departamento de Estado

Vocabulario

"Efectos positivos del turismo y de la recreación"

integrante *(m o f)* miembro
armamentístico relativo a armamentos
disponibilidad *(f)* de disponer, tener
ingresos *(m/pl)* dinero que recibe una persona semanal, mensual o anualmente
desplazarse viajar
titular *(m)* encargado, el que ocupa un puesto en propiedad

reclamar exigir, pedir
remuneración *(f)* pago, sueldo, salario
bienes *(m/pl)* en este contexto, infraestructura, por ejemplo hoteles
encaminado orientado
peso *(m)* en este contexto, importancia

"El turismo sigue creciendo en Cuba"

innegable que no se puede negar
en el plano en el sector
desprenderse deducirse
no es ajena a no está al margen de
coyuntura *(f)* momento, oportunidad
emprendido realizado
arribar llegar
etapa *(f)* período
vacacionista *(m o f)* turista
rescatar recuperar
acogido recibido
imperante existente
grato agradable
turoperador *(m)* empresa dedicada al turismo
feria *(f)* exhibición
afluencia *(f)* llegada
erigirse convertirse, elevarse
emisor *(m)* el que emite, en este contexto, el país que envía turistas

no todo es color de rosa no todo es perfecto
demora *(f)* lentitud
usuario *(m)* el que usa un servicio, en este contexto, los turistas
perfeccionamiento *(m)* acción de perfeccionar, en este contexto, la instrucción o adiestramiento que se da a los trabajadores para que realicen mejor su actividad
impartir enseñar
superación *(f)* mejoramiento
afines relacionadas (con el turismo)
relevo *(m)* el que va a sustituir a otro, en este contexto, los nuevos trabajadores
veraz verdadera
carta de triunfo *(f)* garantía
pisar en este contexto, visitar

El tema y tú

Al leer los artículos que siguen toma notas de los siguientes puntos:

a. Aspectos positivos del turismo para el individuo y para la sociedad.

b. Razón por la cual Cuba tuvo dificultades para atraer turistas.

c. Lo que puede ofrecer Cuba al turista, según el artículo.

d. Principal crítica o queja de los turistas que llegan a Cuba.

e. Preparación que se da a los trabajadores para mejorar los servicios.

DESPUÉS DE LEER

Preguntas

1. ¿Qué efecto tiene el turismo sobre el individuo y sobre la sociedad, según el primer artículo?
2. ¿De qué manera afectó la Revolución cubana a la industria turística?
3. ¿Qué ha hecho Cuba para recuperar su turismo?
4. Según el artículo, ¿qué encontrará el turista en Cuba?
5. ¿Qué se hace para mejorar el nivel de preparación del personal de la industria turística?

¿Qué opinas tú?

Lee otra vez el primer párrafo del primer artículo y expresa tu opinión: ¿De qué manera crees que el turismo puede repercutir positivamente en el individuo y en la sociedad? Comenta tu respuesta con tu profesor(a) y con tus compañeros.

Actividades de grupo

1. El siguiente ejercicio se podrá realizar en grupos de cinco o seis. Los estudiantes imaginarán que están trabajando para un organismo nacional o local interesado en promover el turismo en el país o en la región y atraer turistas de distintas partes del mundo.

   Primeramente discutirán las posibilidades y recursos turísticos con que se cuenta, por ejemplo bellezas naturales (costa, lagos, montañas, bosques, etcétera), lugares y aspectos de interés turístico en la zona (galerías de arte, museos, parques, diversiones nocturnas, restaurantes, etcétera), el elemento humano (la gente del lugar, el folclore, las tradiciones, etcétera), la infraestructura turística (hoteles, carreteras y autopistas, transporte, etcétera).

   Una vez estudiados los aspectos anteriores, los estudiantes imaginarán que tienen que hacer una presentación oral sobre el tema ante un grupo de turoperadores y agentes de viaje de habla española (el resto de la clase). Cada miembro del grupo podrá referirse a un aspecto diferente tratando de convencer a los oyentes de que el país o región tiene todo lo que un turista puede desear para disfrutar de un buen descanso y unas excelentes e interesantes vacaciones.

   El resto de la clase podrá hacer preguntas para obtener más información sobre la oferta turística.

   Para éste como para el ejercicio que sigue los estudiantes podrán prepararse previamente y ayudarse de folletos turísticos si los hay.

2. El ejercicio que sigue podrá realizarse en grupos de cinco o seis.

   Imagina que trabajas para una agencia de viajes en tu país y te han pedido que lleves de excursión a un grupo de turistas de habla española. Antes de emprender el viaje en autobús decides darles una breve charla sobre los lugares que visitarán, en tu ciudad o en otra que tú elijas. Explícales si es posible la historia de la ciudad, cuáles son los lugares de mayor interés, cuál es su historia, qué verán allí, etcétera.

   Los otros miembros del grupo harán el papel de turistas y podrán hacer preguntas relativas a los lugares que visitarán.

   Terminada *la excursión,* se podrán intercambiar los papeles y otro miembro del grupo podrá actuar como guía.

Redacción

1. Por correspondencia has conocido a una persona de habla hispana que nunca ha estado en tu país. Sugiérele que te visite algún día y describe tu país, región o ciudad y todo aquello que podría interesarle.
2. Trabajas para un turoperador y te han pedido que escribas un folleto turístico describiendo los encantos turísticos de la región donde vives. Incluye, si resulta de interés, tu propia ciudad.

DINERO Y CONSUMO

El texto que leerás a continuación, extracto de un artículo mayor, analiza el alto nivel de consumo en todas las capas de la sociedad española. Los españoles viajan por el mundo como nunca antes lo hicieron, y en casa consumen ávidamente todo aquello que les apetece o está de moda.

ESTO ES JAUJA: ¡A GASTAR SE DIJO!

Más altos, más guapos y más ricos, los españoles se han convertido en pocos años en ávidos consumidores. Comprar es ahora su nueva ambición

En España siempre se ha sabido vivir y ahora, además, se puede *vivir: la sociedad ha entrado en pleno consumismo.*

Estudiar en el extranjero

En las últimas fiestas navideñas millares de españoles conquistaron por fin Constantinopla. Otros miles El Cairo, Atenas . . . Los más comedidos viajaron a París, Lisboa, Roma y Londres, que cada fin de semana deviene capital española. Aunque algunos prefieren pasar los puentes en Dublín: así aprovechan para ver al niño. Sin los *little brats* (mocosos) españoles, que son mayoría absoluta en sus centros de enseñanza, el negocio del inglés en Irlanda se iría a pique. Mandar a los hijos «a estudiar fuera» ya no es privilegio de la aristocracia.

El español de fin de siglo—más sano, más alto, más guapo y mucho más rico—ha perdido el sentido de la distancia. «En España ya se está creando una cultura del viaje. Se viaja más, con más frecuencia, a lugares nuevos», dice Jesús Martínez Millán, presidente de la Federación de Agencias de Viajes. Su sector ha asistido al parto de una nueva especie de celtíberos: los que clavan chinchetas en el mapa con los lugares que conocen y prometen llegar mucho más lejos en el próximo puente. Muchos se gastan 100.000 pesetas (avión, viaje y vicios) en un fin de semana, mientras las más tradicionales parejas de novios abjuran de las tradiciones, dejan Mallorca para los ingleses y se van . . . a Cancún o Santo Domingo.

¿Y los que se quedan? Nadie piense que pasan calamidades, a no ser las meramente técnicas: coger un taxi o conseguir mesa en un restaurante de Madrid—segunda ciudad más cara del mundo, después de Tokio—es materia épica, cuando no taumatúrgica. Luis G. López, un cura español que trabaja en Centroamérica, no puede entender cómo durante los fines de semana los restaurantes de Madrid estaban hasta los topes. Cuando al fin logró un hueco, en uno próximo al Palacio Real (propiedad de otro cura, lo que son las cosas) le fascinó una factura que sus acompañantes, españoles, veían «normalita, dada la calidad».

—Con las 27.000 pesetas que hemos dejado los cuatro, vivo yo un año.

A la hora de escoger *calidad* (ancho concepto que engloba *novedad, distinción y marca* junto a la calidad propiamente dicha), el español de fin de milenio no repara en gastos. Aquí se sabe vivir, según ancestral creencia. Ahora, además, se puede vivir. La invasión de la calle genera nuevos hábitos, nuevos espacios de gasto. Los más refinados se quedan en casa, donde también consumen (las ventas a domicilio se han disparado) y se divierten.

Antón Layunna y Tina Ballano no salen casi nunca. Reciben visitas en su sobreático de Barcelona, donde Antón suele acosar a los amigos cada sábado con tremendas paellas vegetarianas. Hartos de comidas de trabajo y lejanos ya los pecados *hippies* de su juventud primera, han encontrado feliz refugio en la vida familiar y en la pequeña propiedad inmobiliaria. Les asiste una criada brasileña (ya han tenido una dominicana, una peruana y varias filipinas, como es natural). La compra la hace Antón con alguno de sus hijos los sábados, en Hipercor (un hipermercado). Asunto que exige reposado estudio.

El paraíso del hipermercado

La cantante española Martirio ha inmortalizado en alguna copla esta pujante institución, flor del neocostumbrismo carpetovetónico: el hiper. Un paraíso cercano y sabatino donde las familias españolas pasan sus horas más felices. Hay donde escoger: cada mes se añade uno más a los 116 que funcionaban a principios de año. Prácticamente ocupan un millón de metros cuadrados.

En estas catedrales del consumo, la compra es un complejo rito, más que un fugaz contacto comercial. Aquí se gasta, se come, se bebe, se disfruta, se *es*.

El español medio, feliz de por sí, encuentra grandes dosis de felicidad añadida en el hipermercado aunque le salga por «unas 15.000 pesetas» cada sábado. Las disfruta, eso sí. Llega al hiper de turno con los símbolos de su felicidad a cuestas: el coche, la familia y la tarjeta de crédito.

«Estos sitios crean adicción. Ellos son muy hábiles y nosotros, masoquistas». Prueba evidente de su masoquismo terminal: suele comer en los restaurantes del centro. En casi todos, la relación calidad-precio es próxima al timo.

Aquí cae hasta el más renuente. Como Teresa Conde-Salazar, auxiliar de clínica. En Alcampo (otro hiper) se controla, pero en la tienda de al lado, la de cosmética, se vuelve loca: «No puedo resistir. Es todo tan bonito, hay perfumes tan maravillosos».

Esa es otra: la belleza de botes. Estantes atiborrados de cremas, champús, *geles* y toda suerte de elixires de la juventud germinan por doquier en grandes y pequeños almacenes. A su vera florecen tiendas especializadas, como la multinacional *The Body Shop,* donde es costumbre usar cesta para meter los productos. Un hecho histórico, si se recuerda que hace cuatro días la ducha era cosa de extranjeros y que aún hoy, en algún rincón de la otra España, miles de hogares no tienen luz ni agua corriente.

Tras la francesa y la italiana, la mujer española es hoy la tercera de Europa en fragancia, suavidad y tersura. No ha de extrañar que las revistas de moda y estilo, que hace 15 años patinaron en su primer intento de entrar en este mercado, conozcan ahora un auge sin precedentes. «Los españoles han descubierto la calidad de vida y quieren que les enseñen a disfrutarla», constata Ana Rosa Semprún, directora de la revista *Marie Claire 16.*

Quieren que les enseñen. ¿Acaso no saben? Tal vez no. El rápido acceso a altos niveles de consumo no ha ido acompañado por una nueva cultura del consumidor. Ello explica la soltura con que solemos saltar las lindes del derroche. Aunque el sociólogo Antonio Fuertes no ve motivo de alarma: «No es cierto que el español gaste sin tino. Simplemente ahora puede acceder a unos bienes que antes le estaban vedados». Unos bienes que entran ahora a chorros en el hogar del español medio. En el último año ha comprado 170.000 reproductores de compactos, 200.000 cámaras de vídeo, 520.000 ordenadores . . . Ahora se aúpa para tocar la nueva estrella del firmamento familiar: la cocina vitrocerámica.

□ Revista *Cambio 16,* España

Hoy día se viaja más, y con más frecuencia, a lugares nuevos.

ANTES DE LEER

Notas explicativas　En el momento de escribirse este artículo, los españoles aún estaban ajenos a la crisis económica que afectaba a otros países, entre ellos a Estados Unidos y Gran Bretaña, que la vivieron con más intensidad. Esta crisis comenzaría a sentirse también en España hacia el segundo año de la presente década. El crecimiento económico experimentó un grave deterioro y el desempleo aumentó considerablemente. Aún así, y quizá por las características de su propio temperamento, el español "no se ha apretado el cinturón" como algunos de sus socios comunitarios, en especial los ingleses. Los españoles siguen gastando.

jauja　en un sentido figurado, significa el paraíso, la tierra prometida, algo maravilloso. La palabra deriva de la ciudad y provincia de Jauja en el Perú, cuyas principales características eran su riqueza y su buen clima.

Vocabulario

navideña　relativo a la Navidad
comedidos　moderados
deviene　se transforma en
puente *(m)*　largo fin de semana (entre dos fiestas)
se iría a pique　fracasaría, no tendría éxito
parto *(m)*　el acto de dar a luz, dar vida
celtíbero *(m)*　relativo a celtas e iberos, antiguos habitantes de la península Ibérica
chincheta *(m)*　clavito de cabeza circular y plana que sirve para asegurar papeles
abjuran　reniegan de
taumatúrgica　relativo a la capacidad de hacer prodigios
hasta los topes　llenos
hueco *(m)*　espacio
engloba　comprende, incluye
no repara en　no se fija en, no se preocupa de
se han disparado　han aumentado considerablemente
sobreático *(m)*　apartamento que está en la parte superior de un edificio, bajo el cual hay otro llamado ático

acosar　importunar
copla *(f)*　composición poética, breve, que sirve de letra en canciones populares
neocostumbrismo　relativo a las nuevas costumbres
carpetovetónico　español
hiper *(m)*　hipermercado
sabatino　relativo al día sábado
fugaz　rápido
timo *(m)*　estafa, engaño
renuente　reacio, indócil
bote *(m)*　vasija pequeña para poner ciertos productos, por ejemplo cremas
atiborrado　lleno
a su vera　al lado
tersura *(f)*　suavidad
patinaron　no tuvieron éxito, fracasaron
soltura *(f)*　facilidad
linde *(f)*　límite
derroche *(m)*　acción de gastar el dinero sin control
sin tino　sin sentido común
vedados　prohibidos
entran a chorros　entran en grandes cantidades
se aúpa　se levanta, se alza

El tema y tú　Antes de leer el artículo considera los hábitos de consumo en tu propio país y comenta tus apreciaciones con un compañero/a. ¿Crees que existe un excesivo consumismo en tu país? ¿En qué forma se manifiesta? ¿Crees que la situación económica general del país afecta los hábitos de consumo? ¿De qué manera? ¿Qué has podido observar al respecto en tu propio país?

DESPUÉS DE LEER

Preguntas　　1. ¿Qué pasaría con el negocio del inglés en Irlanda, sin los españoles?

2. ¿Qué quiere decir el autor del artículo con: *El español de fin de siglo ha perdido el sentido de la distancia*?

3. ¿Qué pasa con los restaurantes de Madrid los fines de semana?

4. ¿Qué significa la frase *el español de fin de milenio no repara en gastos*?

5. ¿Qué relación se establece entre el español medio y el hipermercado?

6. ¿Por qué no cree el sociólogo Antonio Fuertes que los hábitos de consumo de los españoles sean motivo de alarma?

¿Qué opinas tú?

1. ¿Crees que el controlar el nivel de gastos dentro de una familia o a nivel individual sea una virtud? Expresa tu opinión e intercambia ideas con tus compañeros.

2. De acuerdo a lo leído, ¿crees que los hábitos de consumo de los españoles sean similares a los de la gente en tu país? ¿Qué similitudes o diferencias puedes observar?

3. ¿Existen los hipermercados en tu país? ¿Te gusta comprar en ellos? ¿Por qué? ¿Qué ventajas tienen con respecto a un supermercado normal?

Actividades de grupo

En grupos de tres o cuatro los estudiantes intercambiarán opiniones sobre estos puntos:

a. Los hábitos de consumo en su país, ¿son adecuados o no adecuados? ¿En qué sentido?

b. ¿Hacia qué áreas están orientados especialmente los hábitos de consumo en su país? ¿Hacia una buena alimentación? ¿Hacia el buen vestir? ¿Hacia el turismo y la recreación? ¿Otras áreas? ¿Parecen sensatos estos hábitos o deberían modificarse? ¿De qué forma?

c. ¿Varían mucho los hábitos de consumo en los distintos grupos sociales? ¿De qué forma?

d. ¿Parece razonable o injusto que ciertos grupos sociales puedan gastar sin medida mientras otros tienen que limitarse hasta en sus necesidades más urgentes? ¿Qué se puede hacer al respecto?

Las opiniones de cada grupo servirán de base para un debate general sobre el tema del consumismo.

Redacción

¿Qué harías si tuvieras muchísimo dinero? Escribe un párrafo sobre este tema.

La influencia de la publicidad televisiva en los niños es analizada en esta entrevista por un psiquiatra infantil. El niño reacciona frente a los anuncios publicitarios como si éstos fueran una realidad. De ahí el peligro que involucra la presentación de programas publicitarios en los programas infantiles de televisión.

LOS PELIGROS DE UN NUEVO AGENTE SOCIALIZADOR

La publicidad televisiva actúa sobre menores que no saben discernir entre la realidad y la fantasía

Lunes, día de compras. Cecilia no tiene con quién dejar a su hijo Iván (4 años), así es que decide llevarlo al supermercado. No alcanza a entrar al recinto cuando Iván le dice "mami, cómprame yogurt". "No tengo plata mi amor", responde Cecilia, confiada en que las peticiones de Iván terminarán. Sin embargo, una y otra vez Iván insistentemente le exige a su mamá que le compre distintos productos. "Tan chico y con gustos tan refinados, ¿qué vas a dejar para cuando seas grande?", dice Cecilia a su hijo. Sin embargo, según el psiquiatra infantil Hernán Montenegro, autor de varios libros sobre los efectos de la televisión en los niños, las preferencias de Iván no son extrañas.

"**L**a televisión, que utiliza el avisaje comercial, sin duda que es el medio al que el niño está más expuesto", afirma Montenegro.

—**¿A qué edad la televisión comienza a ejercer influencia en el niño?**

—Esta influencia se inicia a muy temprana edad. El niño ya a los dos años está interesado en la imagen televisiva. En nuestro país el porcentaje de programas infantiles no supera el cinco o seis por ciento de tiempo en horas de televisión. Sin embargo, lo que es criticable y que en muchos países se considera antiético, es la existencia de avisos comerciales en medio de las franjas in-

La publicidad televisiva actúa sobre menores que no saben discernir entre la realidad y la fantasía.

fantiles. Esto, porque el niño no tiene la capacidad de discernir la bondad de un producto comercial.

—**¿Entonces aceptan todo sin cuestionarlo?**

—Así es, la realidad y fantasía son una sola cosa para ellos. Además, el tipo de avisaje está orientado a la compra de juguetes, que son bastante caros, o al consumo de hidratos de

carbono, dulces y golosinas, que en el desarrollo del niño van a producir caries dentales u obesidad. No son alimentos que contribuyan a una dieta equilibrada.

—**¿Y qué ocurre en el caso de la ropa, como los uniformes escolares?**

—Bueno, el niño no sólo va a exigir el juguete o la golosina de moda, con el riesgo de que se someta a los padres a un conflicto serio, sobre todo en Chile, donde el ingreso per cápita no es de los mejores. Por eso que trasladar los modelos de otros países desarrollados al nuestro es bastante complicado.

— **¿La publicidad actúa en todos por igual o hay diferencias?**

—Sin duda alguna que la televisión, como cualquier influencia a un individuo, es uno de los factores que se relaciona con otros y dependiendo de la interacción de esa multiplicidad de factores tendremos la resultante. Lo que sí sabemos hoy día es que la televisión ha pasado a ser un nuevo agente socializador. Antes, los agentes socializadores básicos del niño eran la familia, la escuela y la religión. Hoy día, aparece este cuarto agente y en la medida en que los otros tres no estén alertas en términos del tiempo que el niño esté expuesto a esta influencia, esta variable va a tener mayor o menor peso.

— **¿Qué efectos produce la publicidad en niños que viven en hogares con problemas?**

—Es evidente que un niño que pasa la mayor parte del tiempo solo, donde hay un ambiente conflictivo entre los padres y un maltrato hacia él, por supuesto que el impacto de la televisión va a ser mucho mayor y el niño, como también nos pasa a los adultos, tratará de suplir esta situación teniendo cosas materiales para llenar el vacío.

— **¿Y qué ocurre en el caso de los niños de familias de escasos recursos?**

—He atendido durante muchos años a niños de situación irregular y es terrible el impacto que tiene esto de tener la zapatilla tal o el pantalón de marca. Como no tienen posibilidad de tener esas cosas, las roban. Al incentivar el consumo desenfrenado, donde existen cientos de miles de personas que no tienen la más mínima posibilidad de acceder a determinado producto, es muy grande el riesgo de que el individuo traspase las barreras de control social y comience a delinquir, para satisfacer ese bombardeo de estímulos.

— **¿Qué solución propone usted para enfrentar esta situación?**

—Que efectivamente se prohíba, a través del Consejo Nacional de Televisión o las nuevas autoridades, el avisaje comercial, por lo menos en las franjas infantiles. Aquí hay todo un trasfondo valórico y ético que tiene que ver con el inicio temprano del consumismo, lo que no es muy deseable, sobre todo en países como el nuestro.

□ Luis Díaz
La Época, Santiago, Chile

ANTES DE LEER

Notas explicativas

agente socializador *(m)* agente de formación social

plata *(f)* en algunos países latinoamericanos se utiliza con el significado de *dinero.* La palabra *dinero* se emplea en contextos de mayor formalidad.

avisaje *(m)* la palabra como tal no existe, pero aquí se ha utilizado con el significado de conjunto de avisos, siendo *aviso* el término empleado con más frecuencia en Latinoamérica en lugar de *anuncio* o *publicidad.*

Consejo Nacional de Televisión *(m)* autoridad máxima de la televisión chilena

Vocabulario

discernir distinguir
recinto *(m)* local, establecimiento
criticable que se puede criticar
antiético no ético
franja *(f)* espacio (programa)
golosina *(f)* dulce
resultante *(f)* resultado
suplir remediar
de escasos recursos sin mucho dinero

desenfrenado sin freno, sin control
acceder tener acceso
delinquir cometer delitos, actuar como delincuente
trasfondo *(m)* aquello que está más allá de la apariencia o de lo visible
valórico relativo a los valores
inicio *(m)* comienzo

El tema y tú

1. ¿Recuerdas los programas infantiles que solías ver en la televisión cuando eras pequeño(a)? ¿Había publicidad en esos programas? ¿Qué tipo de publicidad?

2. ¿Existe publicidad actualmente en los programas infantiles en la televisión de tu país? Si la hay, ¿de qué tipo de publicidad se trata? Coméntalo con tu profesor y con un compañero o compañera.

DESPUÉS DE LEER

Preguntas

1. Según el entrevistado, ¿a qué edad comienza la influencia de la televisión en el niño?

2. ¿Qué tipo de publicidad se ve preferentemente en los programas de televisión infantiles?

3. ¿Qué quiere decir el psiquiatra con que la televisión es *un nuevo agente socializador*? ¿Qué otros agentes socializadores menciona el entrevistado?

4. ¿Qué impacto tiene la publicidad televisiva en familias de bajos ingresos?

¿Qué opinas tú?

1. ¿Crees que la televisión tenga la misma influencia en adultos que en niños? Explica y coméntalo con tus compañeros.

2. ¿Crees que es necesario que los gobiernos establezcan normas con respecto a la publicidad que se puede presentar en los programas infantiles? ¿Por qué? Intercambia opiniones con tus compañeros.

Actividades de grupo

En un grupo de cinco o seis, selecciona y defiende una de las opiniones que siguen. Cada opinión deberá ser elegida al menos por un grupo.

a. La industria de la televisión debería establecer normas con relación al contenido de los programas y publicidad destinados a los niños.

b. El gobierno debería controlar tanto la publicidad como el contenido de los programas destinados a los niños.

c. Los padres deberían ser los encargados de vigilar lo que los niños ven en la televisión.

Al analizar el tema, los estudiantes presentarán argumentos que apoyen la opinión que han elegido. Después de la discusión, miembros del grupo harán una presentación oral con las principales ideas ante el resto de la clase.

Redacción

1. Observa algunos programas infantiles en la televisión, su contenido y la publicidad que en ellos se hace. En base a lo que has podido observar escribe un informe. Haz un análisis crítico indicando tu opinión sobre el contenido y sobre la publicidad. ¿Te parecen apropiados, inapropiados? ¿Por qué? ¿Qué cambios harías?

2. Pregunta a algunos padres qué piensan sobre la publicidad en los programas infantiles y de qué manera creen que ésta ha influido en sus hijos. ¿Qué influencias pueden observar, por ejemplo, en el momento en que éstos piden o exigen ciertos productos? En base a sus opiniones escribe un breve informe sobre el tema.

Cada vez son más los países que, conscientes del peligro que el tabaco representa para la salud, están regulando e incluso prohibiendo la publicidad de cigarrillos y tabaco. Pero, naturalmente, hay quienes están en contra de dichas disposiciones como también hay quienes no las respetan. Los dos artículos que siguen, de los cuales el segundo es una carta a un periódico, tocan desde distintos ángulos el mismo tema.

LIBRE EXPRESIÓN PUBLICITARIA

¿Prohibir los anuncios publicitarios del tabaco o prohibir que se prohíba?

Que es urgente y de vital importancia que el empresariado chileno institucionalice públicamente la doctrina que la comunicación es esencial para preservar la libertad en general y para el adecuado funcionamiento de la economía, lo demuestra el proyecto de ley con que se pretende imponer una prohibición general a la publicidad de cigarrillos y tabaco. Avisadores, agencias de publicidad y medios de comunicación debieran ser los principales interesados en promover estas ideas, que son necesarias para el desenvolvimiento de la economía y, por tanto, para el bienestar público.

El intento de imponer esa prohibición es una grave amenaza para la libertad de expresión publicitaria y entraña un serio peligro, ya que, por el efecto dominó, podrían sucederse posteriormente similares prohibiciones a la publicidad de bebidas alcohólicas, alimentos, juguetes, productos farmacéuticos, etc. Estas amenazas potenciales afectarían en conjunto a un amplio segmento de nuestra actividad industrial, comercial y publicitaria, que a la vez concurre con un aporte considerable al desarrollo económico y social de nuestro país.

Una de las grandes defensas contra las amenazas de restricciones o de impedimentos a la publicidad —provenientes de funcionarios públicos, grupos especialmente interesados o legisladores— está en la práctica de la autorregulación por parte de los avisadores, agencias y medios. En el caso de la publicidad de cigarrillos y tabaco, la autorregulación es una práctica constante. Aquélla que el público capta en los medios de comunicación está diseñada para promover marcas, no el hábito de fumar, y está dirigida a los fumadores adultos.

Pese a la rigurosa autodisciplina ética que practican avisadores y agencias en la publicidad del tabaco existen restricciones sobrerregulatorias impuestas por el Estado a estos productos. Éstas contemplan, incluso, la condición de que en todas las manifestaciones publicitarias debe destacarse siempre la cláusula de advertencia del Ministerio de Salud.

Consideramos que las restricciones actuales son más que suficientes, toda vez que no está demostrado que la publicidad sea un factor importante en la decisión de una persona joven de comenzar a fumar. La influencia de amigos y miembros de la familia, como también la de otros factores sociales, parece ser la más importante. En Noruega, por ejemplo, donde la publicidad de cigarrillos está prohibida desde 1975, la incidencia del hábito de fumar en los jóvenes es mayor que en otros países donde no existe esa restricción.

Sin embargo, a pesar de estos antecedentes, estamos frente a la amenaza de que las actuales restricciones a la publicidad de cigarrillos se cambien por una prohibición total del legítimo derecho que asiste a un particular a publicitar un producto que se vende legalmente en el mercado. La libertad de publicidad es una expresión concreta de la libertad de información garantizada por la Constitución, al igual que la libertad de ejercicio de una actividad lícita como es la promoción de un producto no impedido de expenderse legalmente en el mercado.

En nuestro país se ha comprobado durante los últimos años que el esfuerzo y la iniciativa del sector privado y el fruto de su trabajo han contribuido en forma determinante al incremento de la riqueza y a la modernización del país. Estas evidencias debieran incentivar al Estado a buscar nuevas formas de remover las trabas al comercio y a dar nuevos incentivos para el crecimiento económico. Al mismo tiempo, debieran crear un clima favorable para un mayor estímulo a la actividad comercial y de *marketing*. Al menos así ha venido ocurriendo en otros países del mundo, especialmente en Europa.

Como sostiene el doctor Karl Heinrich Friauf, profesor y director del Instituto de Derecho Constitucional de la Universidad de Colonia, en Alemania, la publicidad en una sociedad moderna es parte integral del flujo omnipresente de la comunicación, la cual es esencial no sólo para la preservación de la libertad en general, sino también para el adecuado funcionamiento de la economía, de la que depende el bienestar público. La libertad de expresión comercial es condición esencial de la economía libre, igual como la libertad de expresión política es condición esencial de la sociedad libre.

Por lo tanto, si no puede haber libertad política donde haya restricción a la expresión política, la libertad económica también se ve entrabada cuando no hay un libre flujo para la comunicación. Para subsistir, cada empresa productiva depende de los compradores que debe encontrar en el mercado. Luego, la libertad de producción tendrá más o menos valor dependiendo de una efectiva libertad del proceso de *marketing*. Y es aquí donde juega un papel la libre expresión comercial representada por la comunicación publicitaria, cuya tarea principal es juntar a los productores con los consumidores para asegurar el flujo continuo de la producción. De ahí la importancia de la libre expresión comercial y publicitaria para la existencia de la libertad económica.

En consecuencia, pretender ahora por parte de la autoridad establecer una prohibición total y absoluta a la publicidad de cigarrillos y del tabaco debe hacer poner de pie a toda la comunidad publicitaria de avisadores, agencias y medios para defender nuestro derecho a la libre circulación de las comunicaciones sociales, sin otra restricción que la responsabilidad profesional de los agentes de la información y las limitaciones impuestas por la ética, el orden público y las buenas costumbres.

☐ HENRY G. NORTHCOTE
El Mercurio,
Santiago, Chile

Carta al director

EL HUMO CIEGA TUS OJOS

Es una verdad archiconocida que es el tabaco el máximo causante del cáncer de pulmón, y en todo el mundo, reaccionando contra este hábito social, las administraciones emprendieron campañas de mentalización de las consecuencias del fumar y tomaron medidas para disminuir el número de adictos al tabaco y evitar que el no fumador pague las consecuencias de un acto no cometido. Entre estas medidas figuran no hacer publicidad del tabaco, no fumar en lugares públicos y cerrados y establecer compartimientos para fumadores y no fumadores.

En nuestro país se han tomado algunas medidas, aunque con retraso y alguna laxitud en su aplicación que siempre nos ha caracterizado; y en esa vía está la recién aprobada ley contra la publicidad del tabaco.

Por todo esto nos sorprende aún más que a la entrada de las sesiones del VIII Festival de Jazz de Madrid (organizado por el Ayuntamiento y la Comunidad de Madrid y el Ministerio de Cultura, con el patrocinio de una marca de tabaco), unas señoritas uniformadas con los colores de esa marca ofrezcan cigarrillos a los espectadores y en el *hall* de entrada haya unas banderas de esta marca de tabaco haciendo visible campaña publicitaria . . .

Es triste comprobar que se olvidan de la salud pública y tiran por la borda una política de sanidad hasta ahora seguida a cambio de una ayuda económica. ¿Dónde está la coherencia de estos hechos con otras declaraciones de principios? ¿Es que la política de salud pública sólo corresponde al Ministerio de Sanidad?

BEGOÑA SAN JOSÉ SERRÁN
JERÓNIMO LIMÓN VEGA
Madrid
El País, Madrid

ANTES DE LEER

Notas explicativas

"Libre expresión publicitaria"

avisador   uso latinoamericano, el que pone *un aviso* publicitario. En España, *el anunciante,* el que pone *un anuncio.*
el derecho que asiste   el derecho que tiene
medios *(m/pl)*   se refiere a los medios de comunicación
sobrerregulatorias   que regulan o establecen disposiciones por sobre la autorregulación ejercida por los anunciantes y agencias de publicidad
cláusula de advertencia del Ministerio de Salud   se refiere al anuncio obligatorio que indica en los paquetes de cigarrillos y en la publicidad que el tabaco es perjudicial para la salud
entrabado   usado en la zona andina por *trabado* u *obstruido*
la Constitución   la Constitución chilena

"El humo ciega tus ojos"

administraciones *(f/pl)*   se refiere a los gobiernos
Comunidad de Madrid *(f)*   la Comunidad Autónoma de Madrid o gobierno de la Comunidad de Madrid
tirar por la borda   en este contexto, no hacer caso, no respetar

Vocabulario

"Libre expresión publicitaria"

empresariado *(m)*   los empresarios
desenvolvimiento *(m)*   funcionamiento
entrañar   en este contexto, significar
en conjunto   en total
concurrir   contribuir
aporte *(m)*   contribución
captar   en este contexto, observar
destacarse   mostrar de manera visible
toda vez que   dado que
publicitar   hacer publicidad
traba *(f)*   impedimento, dificultad
flujo *(m)*   corriente
omnipresente   presente en todos los lugares

"El humo ciega tus ojos"

cegar no permitir ver
archiconocida muy conocida

mentalización *(f)* concientización
patrocinio *(m)* apoyo económico

El tema y tú

1. ¿Existen en tu país restricciones a la publicidad de cigarrillos y tabaco? ¿Qué tipo de restricciones?

2. ¿Existe en tu ciudad prohibición de fumar en ciertos lugares públicos? ¿Dónde por ejemplo?

Comenta lo anterior con tu profesor(a) y con tus compañeros. Luego lee los dos textos donde encontrarás más información sobre el tema.

DESPUÉS DE LEER

Preguntas

1. ¿Qué problema plantea el autor del primer artículo?

2. ¿Qué peligro ve el autor en que se prohíba la publicidad de cigarrillos y tabaco?

3. ¿Qué propone él como substituto de una prohibición total de este tipo de publicidad?

4. ¿De qué se queja la persona que escribió al periódico?

¿Qué opinas tú?

1. El autor del primer artículo dice: "no está demostrado que la publicidad sea un factor importante en la decisión de una persona joven de comenzar a fumar". ¿Estás de acuerdo? Expresa tu opinión y coméntalo con tus compañeros.

2. ¿Crees que las actuales restricciones que existen con respecto a fumar en lugares públicos deberían ampliarse? Explica, da ejemplos e intercambia opiniones con tu profesor(a) y con tus compañeros.

3. Imagina que observas que una persona está fumando en un lugar donde está prohibido hacerlo. ¿Qué harías? Si después de un llamado de atención la persona insistiera en seguir fumando, ¿cómo reaccionarías? Explica.

Actividades de grupo

En un grupo de cinco o seis, selecciona y defiende una de las opiniones que siguen. Cada opinión deberá ser elegida al menos por un grupo.

a. El tabaco es perjudicial para la salud, por lo tanto toda publicidad al respecto debe ser prohibida.

b. La publicidad de cigarrillos y tabaco debe regularse, y los lugares donde se haga dicha publicidad deben estar estrictamente limitados.

c. Imponer una prohibición o restricciones a la publicidad de cigarrillos y tabaco atenta contra las libertades públicas.

Al analizar el tema, los estudiantes presentarán argumentos apoyando la opinión que han elegido. Después de la discusión, miembros del grupo harán una presentación oral ante el resto de la clase.

Redacción

Durante un viaje por un país de habla española has podido observar que mucha gente no respeta los anuncios que prohíben fumar. Al llegar a tu destino, decides escribir una carta al periódico local quejándote de esta situación.

La publicidad ha debido adaptarse al nuevo papel que la mujer ha asumido en la sociedad. La incorporación masiva de la mujer al mundo laboral, en todos sus niveles, la presión de los grupos feministas y el poder económico de la mujer no podían ser ignorados por las agencias de publicidad. Es éste el tema central del primero de los dos artículos que se presentan a continuación. Pero los viejos esquemas aún persisten. El uso y abuso que hacen de la mujer algunos agentes publicitarios, demuestra que aún queda mucho camino por recorrer.

Los cuadros estadísticos que acompañan a los textos muestran la percepción que los españoles tienen de la publicidad en lo que respecta a la mujer.

LA MUJER QUE MUESTRA LA PUBLICIDAD

No es difícil entender el por qué la publicidad le asigna un rol tan preponderante a la mujer. Por décadas, los estudios han demostrado que son ellas las que realizan cerca del 80% de las compras. Y esto no es sólo porque controlan el dinero de sus maridos, sino también porque cada día son más las que reciben su propio sueldo. Baste decir que en 1988, el 54% de los norteamericanos que tuvieron un ingreso anual superior a los US$ 100.000 fueron del sexo femenino.

"Nunca subestimes el poder de una mujer", parece ser el dicho de las agencias de publicidad. Y lo saben por experiencia, ya que la relación con ellas en este campo nunca ha sido buena y, por el contrario, ha estado siempre llena de contradicciones.

De acuerdo a los expertos en el tema, una de las razones que explicarían lo anterior es el hecho de que por mucho tiempo los avisos publicitarios representaron a la mujer que los hombres querían ver, y no a la realidad que ellos han querido proyectar en los distintos períodos de la historia. A comienzos de siglo, esta situación tenía una explicación muy sencilla: en las agencias no trabajaba prácticamente ninguna mujer, salvo la secretaria.

De esta forma, durante muchos años, los hombres impusieron en la publicidad su mujer ideal, la que casi siempre coincidía con la imagen de una buena esposa, madre y dueña de casa.

La situación comenzó a cambiar rápidamente con la revolución industrial y la consecuente introducción de una serie de productos masivos que requerían de una mujer más activa y con más ambiciones. Así, por ejemplo, cuando comenzaron a desarrollarse las máquinas de lavar ropa, fue necesario buscar una excusa de manera de incentivar a las dueñas de casa a dejar de hacer dicho trabajo y mandar la ropa a la lavandería. Comienza de esta forma, una serie de campañas destinadas a mostrar a la mujer que fuera del hogar había un mundo para ella y, lo más importante, que no estaba en contradicción con su rol de madre, esposa o dueña de casa.

Si bien este movimiento fue relevante, los historiadores coinciden en que el punto de quiebre se produce con la Segunda Guerra Mundial. Con los hombres ausentes por cuatro años, las mujeres se vieron en la obligación de asumir los trabajos en las

PAPEL QUE DESEMPEÑA LA MUJER EN LOS ANUNCIOS

%	Total (Mujeres 16-45 años)	Edad			Clase social			
		16-25 años	26-35 años	36-45 años	Trabajadora	Media baja	Media	Acomodada
Le gusta	13	14	10	16	20	12	12	9
Indiferente	43	44	41	44	38	47	44	43
Le molesta	43	41	48	39	40	40	43	48

Por mucho tiempo los anuncios representaron a la mujer que los hombres querían ver.

ban a la mayoría de las mujeres y las que protestaban eran sólo grupos aislados.

Pero las críticas fueron crecientes y las confrontaciones comenzaron a surgir. Así, por ejemplo, grupos feministas empezaron a poner carteles con la leyenda "este aviso insulta a las mujeres", cada vez que así lo estimaban necesario. Al cabo de un tiempo, los hombres de la publicidad cedieron e intentaron entender qué era lo que provocaba tanta molestia.

Las respuestas abundaron y en varias áreas. En términos de acción, se denunció que la mayor parte de los avisos mostraban que la persona haciendo algo—jugando tenis, trabajando, etcétera—era un hombre. La mujer, por el contrario, estaba generalmente mirando al hombre hacer algo. Por otra parte, se criticó la posición de subordinación que generalmente tenía el sexo femenino frente al masculino en la publicidad.

La respuesta

¿Reaccionó la industria frente a las críticas? Las estadísticas así lo confirman. Hasta 1958, la mayor parte de las mujeres trabajadoras que aparecían en los avisos eran secretarias. A partir de ese año comenzó un largo proceso de cambio y sólo en 1976 ella en los avisos comienza a tener un "look" profesional, en roles de negocios y administrativos. Mujeres poderosas aparecen vestidas con trajes ejecutivos desenvolviéndose sin mayores problemas en un mundo antes reservado a los hombres.

Sin embargo, esta tendencia adoptada por la publicidad tampoco pareció contentar demasiado al sexo femenino. A mediados de 1980 comenzó a ser evidente que el péndulo se había cargado al otro extremo. De alguna forma, la mujer de los avisos de esa época no era consistente con

fábricas y oficinas conjuntamente con su rol tradicional. Al final, pocas tenían dudas de que no sólo lo habían hecho bien, sino que probablemente mejor que los hombres.

La arremetida femenina

Terminado el conflicto bélico, el orden social volvió rápidamente al de la preguerra, pero al poco tiempo quedó claro que las circunstancias habían cambiado. La mujer quería un nuevo rol, quería salir de la casa y terminar con este papel de dueña de casa de tiempo completo que se le quería imponer.

Y en esta lucha, no tardaron mucho en apuntar sus dardos contra las agencias de publicidad. Denunciaron la enorme influencia de ésta en la forma como la sociedad veía el rol femenino. "Nos dicen cómo debemos comportarnos y vestirnos; qué debemos comer; cómo deben ser nuestras casas y automóviles", criticaban. Así, la mujer comenzó a ver en la publicidad una forma de limitación para sus vidas, un mecanismo de perpetuación de la mujer sólo preocupada por sus hijos, de la decoración de la casa y de hacer la vida fácil al marido.

Las agencias responsables al comienzo no le asignaron demasiada importancia al fenómeno, no por desprecio, sino porque simplemente pensaban que sus avisos representa-

LA MUJER EN PUBLICIDAD

En la mayoría de los anuncios publicitarios salen mujeres.
¿Le gusta o le molesta el papel que normalmente desempeña la mujer en los anuncios?

	%
Le gusta	13
Indiferente	43
Le molesta	43
No contesta	1

Revista *Cambio 16*, Madrid, España

un rol que pese a todo seguía representando parte importante de su responsabilidad: ser madre, esposa y dueña de casa. Por otra parte, la mujer profesional estaba siendo pintada como una persona dura, olvidándose de un requisito básico: el romanticismo.

De esta forma, a partir de esa fecha, comienza un esfuerzo por tratar de representar una mujer más completa. Así, avisos que mostraban a ejecutivas en trajes de noche o en sus casas preparando las comidas fueron ya más frecuentes y, lo fundamental, realizados en tal forma que no aparecían contradictorios con el rol ganado en el ambiente de trabajo por el sexo femenino.

Otro movimiento más extremo se está presentando hoy en día en los países desarrollados y representa básicamente a las mujeres que no trabajan fuera del hogar, esto es, las dueñas de casa. De acuerdo a ellas, la publicidad actual no sólo no las representa, sino que las desprecia. Tanto así, que existe cierta evidencia de que algunas dueñas de casa han dejado de comprar productos que estarían dirigidos a la mujer que trabaja fuera del hogar.

Descontento masculino

Esta constante adaptación de la figura femenina en la publicidad también ha encontrado un nuevo frente crítico: los hombres.

Lo anterior, porque de alguna forma el surgimiento de la mujer moderna se ha producido a costa de la imagen del hombre. Así en 1970 los personajes masculinos de los avisos eran generalmente líderes de negocios, militares o figuras deportivas. A mediados de dicha década, los hombres de la publicidad eran mostrados en roles no productivos, y en 1985 una investigación determinó que en el 54% de los casos eran usados como meros objetos decorativos.

Las críticas en este sentido se han orientado a cómo la publicidad está dañando el concepto de "padre", al representarlo en posiciones cada día más débiles y de mero adorno.

Así, esta confrontación entre el sexo y la publicidad parece no terminar. Los años venideros seguramente seguirán siendo de cambios. ¿Hacia dónde? Aún es temprano para saberlo con claridad.

□ Revista *Economía y Negocios,*
El Mercurio,
Santiago, Chile

QUÉ OPINA DE LOS CONCURSOS DE BELLEZA

Desde hace uno o dos años atrás hemos visto cómo en la televisión, los periódicos y las radios, se habla de concursos de belleza en los cuales participan bellas y simpáticas muchachas de los departamentos de Nicaragua.

El concurso de belleza . . . ¿una diversión, una malicia o un instrumento de consumo comercial?

Nadie que no las haya visto concursar puede negar que no goza de ese encanto femenino tan especial que atrae a los varones, como es natural. Sin embargo, cada vez que hay un concurso de esta naturaleza, se dan unas calientes polémicas entre diferentes sectores de la sociedad sobre si este tipo de actividades se debe o no realizar.

Para algunos, no se deben permitir, porque van en contra de la dignidad de la mujer al usarla como un instrumento de consumo comercial. Algunas casas comerciales sacan jugosas ganancias con estos concursos, pues venden sus productos amparados en los derechos que les da ser patrocinadores de tal o cual evento.

Otros se oponen porque lo consideran ofensivo para la ética y la moral

religiosa de los creyentes, al exponer a las concursantes en vestidos de baño de una o dos piezas. Por cierto, algunos periódicos escritos recurren a la fotografía de las concursantes en traje de baño para obtener mejores ventas ese día, porque al lector le resulta más atractivo.

Quienes apoyan estos concursos consideran que no hay malicia en ellos y además son una bonita diversión para los jóvenes y una oportunidad de promoción social de las concursantes. Las concursantes están de acuerdo con los eventos (de lo contrario no participarían) y según han declarado en su oportunidad "nos gusta, porque aprendemos muchas cosas nuevas".

"Juveniles" de *La Prensa* te invita a opinar sobre el interesante tema de los concursos de belleza. ¿Qué opinión te merece a vos? ¿Te parece que van contra la mujer, la moral o la ética? Si eres mujer tu opinión será de mayor interés, pues eres "parte afectada" en el asunto. En fin, ¿se deben promover o no los concursos de belleza?

□ *La Prensa*,
Managua, Nicaragua

ANTES DE LEER

Notas explicativas

"La mujer . . ."

rol *(m)* galicismo, la palabra castellana es *el papel*
aviso *(m)* uso latinoamericano; en España, *el anuncio*

dueña de casa *(f)* en España, *el ama de casa*

"Qué opina . . ."

departamento *(m)* división territorial en Nicaragua

vestido de baño *(m)* traje de baño; en España, *el bañador*

Vocabulario

"La mujer . . ."

ingreso *(m)* sueldo, salario
si bien aunque
quiebre *(m)* rompimiento, cambio
conjuntamente con además de
arremetida *(f)* ataque
de tiempo completo de dedicación exclusiva, sin otra actividad
apuntar los dardos atacar
desprecio *(m)* desdén, menosprecio

cartel *(m)* anuncio
al cabo de después de
ceder desistir
poderosas con poder
desenvolverse comportarse
despreciar menospreciar, sentir desdén
a costa de en detrimento de
mero simple
adorno *(m)* decoración

"Qué opina . . ."

concurso *(m)* competición
concursar competir
que no goza de en este contexto, que no tiene
varón *(m)* hombre
caliente en sentido figurado, acalorado
jugosas en sentido figurado, considerables
amparados protegidos

patrocinador *(m)* el que patrocina un evento, el que da su apoyo económico
creyente *(m/f)* el que cree en Dios, religioso
malicia *(f)* maldad
concursante *(m/f)* la persona que concursa o compite
parte afectada *(f)* parte interesada

El tema y tú   Al leer el primer artículo presta especial atención a los siguientes puntos y toma breves notas:

a. El poder económico de la mujer.

b. La vieja imagen de la mujer en la publicidad.

c. Cambios en el papel tradicional de la mujer y adaptación de la publicidad a estos cambios.

d. La publicidad frente al sexo masculino.

Al leer el segundo artículo, piensa en los argumentos en pro y en contra de los concursos de belleza.

DESPUÉS DE LEER

Preguntas   1. Según el primer artículo, ¿a qué se debe el papel preponderante que la publicidad le asigna a la mujer?

2. ¿Cómo era aquella "mujer ideal" que presentaba antiguamente la publicidad?

3. ¿En qué momento empezó la incorporación de la mujer al mundo laboral?

4. ¿Qué cambio se produjo en la actividad femenina con la Segunda Guerra Mundial?

5. ¿Cómo se fue adaptando la publicidad a estos cambios? Resume brevemente.

6. ¿Cómo tiende a presentar la publicidad a la mujer de hoy? ¿Y al hombre?

7. En el segundo artículo, ¿qué argumentos se dan en pro y en contra de los concursos de belleza?

¿Qué opinas tú?   1. ¿Qué opinión te merece el artículo "La mujer que muestra la publicidad"? ¿Crees que es objetivo y equilibrado? Explica.

2. ¿Qué opinas sobre el tono del segundo artículo? ¿Qué puedes decir de párrafos como éste?: "Nadie que no las haya visto concursar puede negar que no goza de ese encanto femenino tan especial que atrae a los varones, como es natural". Compara el tono de este artículo con el anterior.

Actividades de grupo   1. En un grupo de tres o cuatro analiza la imagen de la mujer y del hombre mostrada actualmente por la publicidad. Considera, por ejemplo:

• ¿Corresponde esta imagen a la realidad? ¿De qué manera?

• ¿Qué elementos de manipulación del hombre y de la mujer se pueden observar en la publicidad, tanto en la prensa escrita, como en la radio y la televisión?

• ¿Se dan en la publicidad actual elementos que pueden considerarse ofensivos para la mujer o para el hombre? ¿Por ejemplo?

- ¿Deberían las autoridades competentes ejercer más control sobre el contenido de los anuncios?
- ¿Qué cambios desearías ver en lo que a publicidad se refiere?

Los estudiantes podrán recurrir a anuncios de revistas, periódicos y otras publicaciones para ilustrar sus opiniones. Una vez finalizada la discusión se podrán intercambiar opiniones con miembros de otros grupos.

2. La clase se dividirá en grupos de cinco o seis para defender o rechazar las siguientes ideas del artículo "Qué opina de los concursos de belleza":

a. "Los concursos de belleza van en contra de la dignidad de la mujer al usarla como un instrumento de consumo comercial".

b. "No hay malicia en ellos (en los concursos de belleza) y además son una bonita diversión para los jóvenes y una oportunidad de promoción social de las concursantes".

Cada opinión deberá ser defendida por al menos dos estudiantes. Finalizado el debate se resumirán los principales argumentos y conclusiones para el resto de la clase.

Redacción   Observa detenidamente la publicidad que ves en la calle, en diarios, revistas, televisión, etcétera, en especial la que está dirigida a la mujer o al hombre, y prepara un informe escrito con tus observaciones. El primero de los dos artículos anteriores te podrá servir de punto de referencia.

El dinero que gastan los jóvenes españoles en aprender a conducir va a menudo mucho más allá de lo planeado. Especialmente los que viven en Madrid, deben estar preparados no sólo para afrontar los gastos de aprendizaje en una autoescuela sino para la frustración que significa no aprobar el examen al primer intento.

APRENDER A CONDUCIR ES UN LUJO Y UN CALVARIO

El precio de clases, matrículas y tasas supone un dineral para los que pretenden obtener el permiso de conducir. En las grandes ciudades, el tráfico y la reiteración en los suspensos conduce a muchos a la entrevista con el psicólogo.

Cada mañana, una cafetería de la ciudad madrileña de Móstoles bate un insólito *record*. Nada menos que 300 tilas y manzanillas se consumen en el plazo de seis horas. No es la cafetería de un centro de maternidad, ni sus clientes son maridos de parturientas. En ese local acaban con las reservas de infusiones los cerca de 1.000 alumnos que, como media, se examinan del carné de conducir en el centro de exámenes de Madrid cada día laborable del año. Otros prefieren el *lingotazo* de coñac, "pero son los menos, ya que temen que el examinador les huela el aliento", según el encargado del establecimiento.

Cristina, una administrativa de 27 años, se ha convertido en una adicta a las infusiones. Es la sexta vez que se presenta al examen práctico del B1—turismos—y saborea una manzanilla mientras conversa con sus compañeros *de quinta* lamentándose de su mala suerte. "Cuando no se me cruza en medio de la calle una señora que viene de la compra con su carrito, el repartidor del butano abre la puerta del camión justo cuando yo paso. Si

En los EE.UU. hay autoescuelas especializadas en español.

tengo que renovar papeles, lo dejo. Llevo invertidas más de 150.000 pesetas en el carné".

En los últimos años, obtener el permiso de conducir en las grandes ciudades constituye un lujo además de una necesidad. Lograrlo a la primera puede significar un desembolso mínimo de 75.000 pesetas—contando con los gastos de matrícula (de 15.000 a 19.000 pesetas) y una media de 30 clases prácticas de 45 minutos, cuyo precio oscila entre las 1.600 y las

2.000 pesetas—. La renovación de papeles, que se hace obligada cuando el alumno no logra ser declarado apto tras la segunda prueba—teórica o práctica—, representa una inversión adicional de casi 15.000 pesetas a las que habrá que añadir 3.500—precio más o menos *oficial* de la clase del examen y otras 6.000 u 8.000 de dos o tres clases prácticas para que recuerde cómo se lleva un turismo.

Estos precios son medios, aunque las autoescuelas lanzan ofertas a bombo y platillo, generalmente después del verano, en las que se anuncian 15 clases por 15.000 pesetas más las tasas de tráfico (6.600) y la clase del examen (3.500). Por 25.000 pesetas se puede obtener el carné, según la publicidad otoñal. Pero los expertos estiman insuficientes las 15 clases para aprobar.

José Luis Palomero, el *magnate* español de las autoescuelas, con nueve secciones en Madrid, más de 30 profesores, 35 turismos, dos camiones, un autocar y varias motocicletas, es el segundo de una generación que se perpetúa ya con sus hijos. Tras 45 años de experiencia profesional, no es muy amigo de las ofertas. "Ofrecer mucho por poco dinero va en detrimento de la calidad en la enseñanza y del prestigio de la autoescuela, ya que generalmente con 15 clases, el alumno no suele aprobar".

"Garantizar el carné en 15 clases, casi siempre exclusivamente de maniobras, es una utopía, un engañabobos, salvo que el alumno ya sepa conducir", corrobora Daniel Victoria, presidente de la Confederación Española de Autoescuelas. En la República Federal de Alemania, por ejemplo, se exigen 15 clases en circuito urbano, 15 en carretera y 15 nocturnas. En España, la media ronda las 30 clases prácticas para llevar a examen una preparación más o menos sólida.

El índice de accidentes mortales en los que se ven implicados conductores con más de un año de carné se dispara durante el segundo año. El 6,7 por ciento de los conductores que tuvieron un accidente en 1987 habían dejado de llevar la "L"—imprescindible durante el primer año—. En el tercer año, la cadencia desciende al 6 por ciento y continúa en progresión descendente con el paso de los años. El peligro no está, pues, durante los primeros 365 días—4,13 por ciento—, sino en la progresiva pérdida de prudencia por parte de los conductores.

Blas Calderón, director de una modesta autoescuela, considera que el número de clases que necesita el alumno no puede saberse de antemano. "Presentarse al examen con pocas clases constituye un riesgo—asegura—. Aunque el problema eco-nómico no es básico, aquel que carezca de medios para afrontar un posible suspenso es mejor que se olvide del carné de conducir. Indudablemente, con pocas clases el alumno no sabe conducir, salvo que sea una *lumbrera*".

Nieves, una joven de 20 años de camiseta estampada y escultural pantalón *de ciclista,* solloza en la barra de la cafetería. Ha suspendido el primer examen práctico "por ir demasiado de prisa". Recibió ocho clases en la autoescuela, pero había conducido anteriormente. "El circuito es horroroso. Nos meten por el centro urbano de Mósteles y Alcorcón a la hora de entrada de los colegios y hay mucho tráfico. Encima, me ha tocado un examinador idiota".

A su lado, en un curioso contraste, cuatro chicos celebran el aprobado a la primera. José, el único que se ha examinado de práctico, se queja también del rigor y el criterio subjetivo de los examinadores. "A mí me ha dicho que he ido un poco despacio, después de haber hecho un cursillo de Fórmula Four, la antesala del automovilismo de elite". Sus tres amigos han aprobado el teórico al primer intento. Alrededor del 65 por ciento consigue superar esa prueba, requisito indispensable para acceder a las pruebas de circulación, en cada convocatoria.

Teóricamente fácil

"No existe un menosprecio del teórico", asegura Antonio del Blanco, jefe de pistas del circuito de Móstoles. "Lo que puede haber—continúa—es cierta relajación por parte de los estudiantes, que, acostumbrados a estudiar, consideran que el código está *chupao,* y no acuden al examen con los conceptos demasiado claros".

Ése debió ser el caso de Luis, un universitario de 24 años, que se compró un Suzuki Santana antes de tener el permiso de conducir y suspendió el teórico en la primera prueba. "Me he confiado. Todas las respuestas me parecían válidas y he dudado bastante", se lamenta. En el test del examen teórico se permiten 5 fallos sobre 40 preguntas, con tres respuestas posibles.

En general, las mujeres logran un mejor porcentaje de aprobados en la prueba teórica. En Barcelona, durante el mes de julio suspendieron 3.738 hombres por 3.602 mujeres. También se presentaron más mujeres que hombres: 10.824 por 7.756 varones.

En total, el 47 por ciento de los alumnos logra superar la convocatoria de circulación. Lo difícil es hacerlo a la primera. Sólo 22 de cada cien madrileños que quiere obtener el permiso de conducir lo consigue.

☐ Revista *Cambio 16,*
Madrid, España

ANTES DE LEER

Notas explicativas

tasa *(f)* impuesto o derecho que se paga al presentarse al examen para obtener el carné de conducir

lingotazo *(m)* término usado para referirse a una copa de licor o un trago

carné (de conducir) documento o permiso de conducir. También se escribe *carnet.*

examen práctico de B1 *(m)* examen correspondiente a la categoría B1, para conducir automóviles

turismo *(m)* en España, automóvil

de quinta en sentido figurado, aquéllos que han sido llamados; normalmente se emplea en el contexto militar para referirse a los nacidos en el mismo año y que tienen que cumplir sus obligaciones militares, por ejemplo *la quinta de 1995*

carrito *(m)* se refiere al carro de la compra

butano *(m)* gas que viene en bombonas o contenedores de metal, utilizado para cocinar o para calefacción

a bombo y platillo con mucha publicidad

autocar *(m)* en España, un autobús de largo recorrido. En la mayor parte de Latinoamérica se utiliza la palabra *el bus.* En México, *el camión.*

un engañabobos algo para engañar a los bobos, a los tontos

en circuito urbano dentro de la ciudad

una lumbrera *(f)* en sentido figurado, alguien muy notable, brillante

chupao de *chupado,* en sentido figurado, muy fácil

Vocabulario

calvario *(m)* en sentido figurado, sufrimiento

dineral mucho dinero

suspenso *(m)* fracaso (en un examen)

insólito sorprendente

tila *(f)* hierba que sirve para infusión

manzanilla *(f)* hierba que sirve para infusión

parturienta *(f)* mujer que va a dar a luz

infusión *(f)* té de hierbas

como media como término medio

saborear en este contexto, beber

lamentarse quejarse

repartidor *(m)* el que reparte o distribuye algo

desembolso *(m)* gasto

llevar (un turismo) conducir (un automóvil); en Latinoamérica, *manejar*

lanzar ofertas hacer ofertas, ofrecer algo a precios rebajados

otoñal relativo al otoño

rondar oscilar

dispararse subir o elevarse bruscamente

imprescindible esencial, indispensable

cadencia *(f)* ritmo

carecer de medios no tener suficiente dinero

camiseta estampada *(f)* camiseta con dibujos

escultural que tiene los caracteres y la belleza de una escultura

sollozar llorar

barra *(f)* mesón (en un bar o cafetería)

de prisa rápidamente

horroroso terrible

encima además, por otra parte

antesala *(f)* en sentido figurado, lo que precede a otra cosa

superar aprobar

acceder tener acceso

prueba de circulación *(f)* examen práctico para obtener el permiso de conducir

convocatoria *(f)* llamada con que se cita

menosprecio *(m)* desprecio, desdén

código *(m)* reglamento del tránsito

fallo *(m)* respuesta equivocada

El tema y tú

Al leer el artículo, toma notas de estos puntos:

a. Los gastos que debe afrontar alguien que quiera obtener el carné de conducir.

b. El número y tipo de clases que suelen tomar los alumnos.

c. El número de clases y tipo de clases que se exige en Alemania para presentarse al examen.

d. La razón por la cual el número de accidentes mortales aumenta entre los conductores con más de un año de carné.

e. Porcentaje de alumnos que aprueba el examen teórico y porcentaje que aprueba el examen práctico.

DESPUÉS DE LEER

Preguntas

1. ¿Por qué crees que los jóvenes beben infusiones en lugar de café mientras esperan el examen para obtener el permiso de conducir?

2. ¿Por qué resulta tan caro obtener el carné de conducir?

3. ¿Cuántas horas de clase suelen tomar los alumnos en España? ¿Y en Alemania?

4. ¿Por qué es mayor el número de accidentes mortales después del primer año de obtenido el carné?

¿Qué opinas tú?

¿Tienes permiso de conducir? ¿Qué gastos tuviste para obtenerlo? ¿Recuerdas tu experiencia del examen? Si no la has tenido, ¿conoces a alguien que haya pasado por esta situación? Coméntalo con tu profesor y con tus compañeros.

Actividades de grupo

En grupos de tres o cuatro se analizarán dos o más de estas preguntas, según la experiencia e intereses de los miembros del grupo.

a. ¿A qué edad se puede obtener el permiso de conducir en tu país o estado? ¿Te parece apropiada esa edad? ¿Por qué?

b. ¿Es imprescindible saber conducir? ¿Por qué?

c. ¿Son razonables o excesivos los precios que se pagan a las autoescuelas para aprender a conducir?

d. En general, ¿conduce con prudencia la gente en el país?

e. ¿A qué se deben, en general, la mayoría de los accidentes automovilísticos? ¿A imprudencia, a inexperiencia, al hecho de conducir en estado de ebriedad, a una combinación de éstos y otros factores?

f. ¿Son lo suficientemente estrictas las penas que existen actualmente para los que ocasionan accidentes por conducir en forma descuidada o en estado de ebriedad?

Una vez analizados los temas dentro del grupo se podrán intercambiar opiniones sobre los mismos con el resto de la clase.

Redacción

Escribe un pasaje sobre uno o más de estos temas:

a. Por qué te gustaría saber conducir.

b. El tipo de coche que te gustaría tener.

c. El automóvil, dueño y señor de la ciudad.

Reconocimientos: Artículos

Las publicaciones no precedidas de la palabra *revista*, son periódicos.

SOCIEDAD

"La directora del hogar". Revista *La Otra*, No. 189, 14-1-93; Guayaquil, Ecuador.

"Por una década de esperanzas". *La Nación*, 24-3-90; Santiago, Chile.

"Tercer Mundo". *Los Tiempos*, 12-3-91; Cochabamba, Bolivia.

"Una revolución en marcha". Revista *El Globo*, No. 23, del 11 al 17 de marzo de 1988; Madrid, España.

"Más difícil todavía". Revista *Cambio 16*, No. 855, 18-4-88; Madrid, España.

"El racismo está vivo en Europa". Revista *Cambio 16*, No. 836, 7-12-87; Madrid, España.

"Violencia . . . ¿Alternativa válida . . . ?". *El Mundo*, 7-7-90; Caracas, Venezuela.

EDUCACIÓN

"Exámenes que quitan el sueño". *La Vanguardia* (suplemento revista), 11-6-90; Barcelona, España.

"Los niños trabajadores". *Prensa Libre*, 1-9-91; Guatemala, Guatemala.

"El bilingüismo en las comunidades autónomas españolas". *La Vanguardia*, 23-6-85; Barcelona, España.

"No al bilingüismo". *El País*, 5-7-87; Madrid, España.

"El bable como lengua". *El País*, 16-8-87; Madrid, España.

"El lenguaje estudiantil". Revista *Elite*, No. 3.367, 10-7-90; Caracas, Venezuela.

"¡El aumento no va!". *Claridad*, del 5 al 11 de julio de 1991; Santruce, Puerto Rico.

MEDIO AMBIENTE

"La foca del Caribe ya no existe". Revista *Época*, No. 85, 18-1-93; México, D. F., México.

"Hambre y pestes [le esperan al hombre] dentro de 40 años". Revista *Cambio 16*, No. 760, 23-6-86; Madrid, España.

"La destrucción de la capa de ozono". *El Mercurio* (suplemento *Revista de Vivienda y Decoración*), 1-9-90; Santiago, Chile.

"Aerosoles". *La Nación*, 24-3-91; Buenos Aires, Argentina.

"Aerosoles y refrigerantes" ["Los aerosoles y los refrigerantes fueron condenados a desaparecer"]. Revista *Zeta*, No. 810, del 5 al 16 de julio de 1990; Caracas, Venezuela.

"La densidad del tráfico y la estructura vial" ["La densidadad del tráfico y la estructura vial, dos factores fundamentales que inciden sobre el ruido ambiental en una gran ciudad"]. *La Vanguardia*, 20-5-87; Barcelona, España.

"Estado de ruido". *El País*, 23-8-87; Madrid, España.

"Agua: Origen y sostén de la vida". Revista *Impacto*, No. 1875, 6-2-86; México, D.F., México.

CIENCIA Y TECNOLOGÍA

"Nuevo interés por los viajes espaciales" ["Los cambios en el sistema solar reavivan el interés por los viajes espaciales"]. Revista *Tribuna*, No. 178, 16-9-91; Madrid, España.

"Amanece un silabario". *El Mercurio*, (suplemento *Revista de Ciencia y Tecnología*, No. 4), 1-9-90; Santiago, Chile.

"El protagonismo que nos aguarda: Inteligencia artificial". *Los Andes*, 6-7-88; Mendoza, Argentina.

"La herencia y el ambiente condicionan la inteligencia". *La Vanguardia* (suplemento *Ciencia y Tecnología*), 21-10-89; Barcelona, España.

"Un diagnóstico favorable". *Clarín Revista*, 21-4-91; Buenos Aires, Argentina.

"Las fronteras de la manipulación de la vida". *El País*, 13-1-85; Madrid, España.

SALUD

"¡Qué sueño!". Revista *El País Semanal*, 11-5-86; Madrid, España.

"Cuando la confusión decide". Revista *Cambio 16*, No. 890, 19-12-88; Madrid, España.

"La ruleta rusa de los frasquitos". *La nación* (suplèmento revista), No. 988, 12-6-88; Buenos Aires, Argentina.

"Enfermedad y desempleo". *El Mundo*, 7-7-90; Caracas, Venezuela.

"Tener hambre después de comer". *Revista de la Salud*, No. 53, junio 1990; Madrid España.

"El peligro oculto en nuestras arterias". *La Vanguardia* (suplemento *Salud y calidad de vida*), 18-10-89; Barcelona, España.

"Devoradores de colesterol". Revista *Ciudadano*, No. 190, junio 1990; Madrid, España.

DEPORTES Y OCIO

[Coral Bistuer:] "Los deportistas deben tomar las federaciones". Revista *Carta de España*, No. 425, del 1 al 15 de mayo de 1990; Madrid, España.

"Claves para estar en forma". Revista *Conocer*, No. 89, junio 1990; Madrid, España.

"La Ley de Protección Animal y los festejos populares" ["La Ley de Protección Animal se incumple en la mayoría de los festejos de los pueblos"]. *ABC*, 15-9-91; Madrid España.

"El negocio de los toros". Revista *Carta de España*, No. 428, del 15 al 30 de junio de 1990; Madrid, España.

"¿Depresión o euforia tras las vacaciones?" ["La vuelta al trabajo tras las vacaciones produce depresión o euforia"]. *Ya*, 1-9-91; Madrid, España.

"Finalizan las vacaciones, no caigas en la melancolía". Revista *Mía*, No. 260, del 2 al 8 de septiembre de 1991; Madrid, España.

"Efectos positivos del turismo y de la recreación" ["El turismo y la recreación tienen efectos positivos físicos y psicológicos"]. *El Heraldo*, 21-8-91; México, D. F., México.

"El turismo sigue creciendo en Cuba". *Granma*, 28-9-86; La Habana, Cuba.

DINERO Y CONSUMO

"Esto es jauja: ¡a gastar se dijo!". Revista *Cambio 16*, No. 1.055, 10-2-92; Madrid España.

"Los peligros de un nuevo agente socializador". *La Época*, 30-3-90; Santiago, Chile.

"Libre expresión publicitaria". *El Mercurio*, 12-8-90; Santiago, Chile.

"El humo ciega tus ojos". *El País*, 22-11-87; Madrid, España.

"La mujer que muestra la publicidad". *El Mercurio* (suplemento *Revista Economía y Negocios*) 12-9-90; Santiago, Chile.

"Qué opina de los concursos de belleza". *La Prensa*, 27-5-89; Managua, Nicaragua.

"Aprender a conducir es un lujo y un calvario". Revista *Cambio 16*, 30-10-89; Madrid, España.

Reconocimientos: Fotos e ilustraciones